I0138067

재미총회 20년사

Second Decade of the Korean Presbyterian
Church in America
1985-2006

THE HERMIT KINGDOM PRESS
Highland Park * Seoul * Bangalore * Cebu

Second Decade of the Korean Presbyterian Church in America, 1985-2006

Copyright ©2008 The Hermit Kingdom Press

All rights reserved. No part of this book may be reproduced in any form or by any means, electronic or mechanical, including photocopying, recording, or by any information storage and retrieval system (including computer files in any form), without permission in writing from the publisher.

Hardcover ISBN13: 978-1-59689-076-3

Write To Address:
The Hermit Kingdom Press
P. O. Box 1226
Highland Park, NJ 08904-1226
The United States of America

Library of Congress Control Number: 2008920122

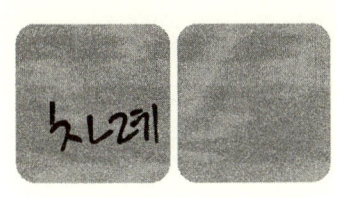

차 례

제3부 / 총회 촬요(11회~21회) (총회서기 우영종 목사)

제4부 / 마침의 창

제**1**부

시작하는 창

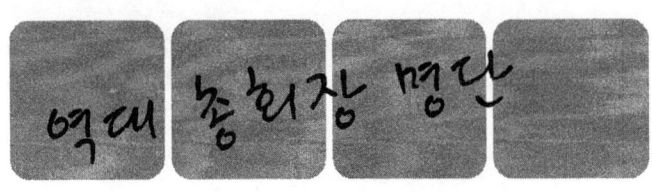

역대 총회장 명단

회	년도	총 회 장	총 회 장 소
1대	1985	박재영 목사	펜셀바니아 포코노수양관
2대	1986	신현국 목사	상항제일장로교회
3대	1987	전재린 목사	유타제일장로교회
4대	1988	김만우 목사	포코노수양관
5대	1989	정필흠 목사	성은장로교회
6대	1990	김용출 목사	토론토제일장로교회
7대	1991	임종수 목사(대행)	성은장로교회
8대	1992	임종수 목사	염광장로교회
9대	1993	변의남 목사	믿음소망사랑교회
10대	1994	박재영 목사	뉴져지 제일한인교회
11대	1995	신현국 목사	산호세 한인장로교회
12대	1996	김만우 목사	필라제일장로교회
13대	1997	강위상 목사	휴스톤한빛장로교회
14대	1998	임종수 목사	아틀란타염광장로교회
15대	1999	변의남 목사	시애틀중앙교회
16대	2000	장희선 목사	로뎀장로교회
17대	2001	조봉환 목사	훼드럴웨이중앙장로교회
18대	2002	최학량 목사	한국고려신학대학원
19대	2003	윤정태 목사	델라웨어 영원한교회
20대	2004	손창호 목사	아틀란타 늘푸른장로교회
21대	2005	구자경 목사	휴스톤 한빛교회

발간사

구자경 목사
교단 20년사 발행인
21회 총회장,
훼드럴웨이 제일 장로
교회 담임목사

재미한인 예수교장로회 총회는 개혁주의 신학과 신앙을 계승하기 위하여 20년 전에 교단을 사랑하는 목사님들의 거듭된 모임을 통하여 하나님의 위대하신 경륜을 따라 1985년 11월에 조직하게 된 교단이다.

이때 조직된 총회를 시작하여 말씀중심으로 앞만을 바라보며 달려온 20년을 돌아보고 또한 앞으로 20년을 생각하면 참으로 감개무량하다.

재미총회는 하나님이 사랑하시어 세워 주신 교회들로 조직 되었다.

우리 주변에는 많은 주류 교단들이 있다. 이들은 우리에게 좋은 여건을 제안하고 우리가 받아들이기만 하면 평안하고 안정적인 삶을 살수도 있는데 우리는 진리의 말씀대로 살아가려고 모든 것을 뿌리치고 달려왔다.

그리고 우리는 모든 것에서 하나님의 뜻을 찾으려고 노력하여 왔다.

사람의 방법 보다 하나님의 방법을 찾았고, 사람의 지혜와 지식 보다도 하나님의 지혜를 더 구하였으며 동역자간에도 서로 서로 양보하며 지금까지(20년) 왔다.

그리고 앞으로 20년을 또 갈 것이다.

총회 때마다 느낄 수 있는 것은 하나님의 뜻을 찾으려고 노력하고 서로 서로 반기며 축하하며 할 수만 있으면 서로를 도우려고 노력하고 애쓰는 모습은 참으로 아름다운 우리의 전통이다.

때로는 하나님이 우리를 들어 진리의 소리를 외치게도 하였고 때로는 조용히 무릎을 꿇고 엎드려 기도하게도 하였고 주님의 인도를 따르는 그 아름다운 모습을 우리는 보았다.

참으로 이민 교회의 20년의 역사는 소중하다.

가끔 내일의 교회를 알 수 없고 내일의 우리 교인이 누구인지 알 수 없는 교회의 개척과 변화가 많은 교회 교인들을 예측하기 어려운 상황이 바로 이민 교회의 현 주소이다.

그래서 이번에 편집 출판되는 20년사는 한 권의 책이 아니라 한 권의 이민교회의 역사요 증인이 될 것으로 확신한다.

이런 20년사의 역사적인 자료들을 수집하며 발간하는 일은 그리 쉬운 일이 아니다. 그러나 시작하신 분들이 살아 계실 때 바른 역사를 기록한다는 귀한 사명을 가지고 편집을 맡고 전문적인 분야와 재정적인 모든 일들을 위하여 수고하는 분들의 노고를 140여 재미 총회산하 교회들과 성도들에게 진심으로 감사를 드립니다.

금번 20년사를 위하여 기획하고 자료를 수집하고 편찬하는데 협력하여 주시는 모든 분들에게 심심한 감사를 드립니다.

바라기는 이일에 힘쓰시는 교단 산하 목사님 장로님들과 온 성도들과 교회에 이 확증되는 재미총회 교회의 역사를 우리 후손들에게 전승시켜주는 귀중한 자료가 될 줄을 확신하며 앞으로 어두워져가는 이 땅에 개혁주의 신앙과 신학이 바르게 선포되는 바른 삶, 진실한 삶, 참 목자 상, 참 봉사자의 삶을 보여 줄 수 있기를 바랍니다.

변해가는 세상에서 진리는 바뀌지 아니하며 우리 시대에 성경을 이렇게 전했다고, 우리 후대들에게 신앙의 뿌리를 찾는 일에 크게 도움이 되며, 우리 재미총회가 태동하기 전 고국 고신교회의 창립과 신앙과 역사도 바라볼 수 있는 기회가 되어 과거부터 오늘에 이르기까지 바른 역사를 전하는 기회가 되기를 바랍니다. 이 일을 위해 총책임을 맡고 열심히 일하시는 박재영 목사님과 함께 자료 수집을 하는 주님의 종들에게 하나님의 위로하심과 축복하심이 넘치시기를 주님의 이름으로 축원 드리며 하나님의 놀라운 축복을 진심으로 기원합니다.

2006년 1월 30일
재미 한인 예수교장로회 총회장 구자경 목사

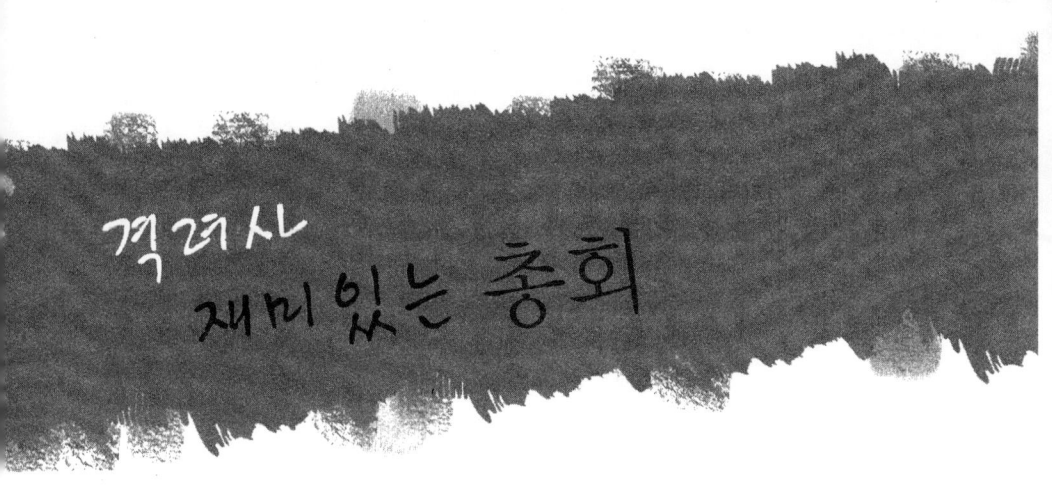

격려사
재미있는 총회

정금출 장로
재미총회 해외 자문위원

"재미총회는 '재미있는 총회' 다."

무슨 소리인가? 하는 사람도 있을 것이다. 재미라는 단어가 연상되는 말은 '미국에 살고 있는' 뜻보다 '아기자기하게 즐거운 기분이나 느낌' 이 먼저 떠오르는 말로 이해하면 된다. 또 재미총회를 알리는 표현도 이보다 더 그럴듯한 문구가 있을까? "재미총회에는 재미가 있습니다"

이런 표현상의 말 외에 진짜로 재미총회는 재미가 있다. 그리고 은혜가 충만한 총회다. 이런 정의는 필자가 1996년 고신언론사(기독교보, 월간고신) 초대 사장으로 취임하면서 총회장, 총무님을 모시고 재미총회 초청을 받고 빠짐없이 참석하다보니 11회까지 참석하면서 내린 결론이다.

이민생활의 외로움을 달래주는 역할을 하는 목회자들이 모인 곳, 역시 살가움과 정겨움이 있다. 그러다 보니 자연스럽게 기쁨과 감사가 넘치는 총회가 된다. 오랜만에 만나 회포도 풀다보니 시간 개념조차 넘어서고 만다. 서로 격려하고 위로하는 아름다운 총회다. 총회하면 떠오르는 딱딱한 긴장보다는 상정된 안건처리도 재미있게 하는 총회가 바로 재미총회인 것이다. 가장 힘든 임원선거도 기획위원회에서 후보를 발표하면 전 임원을 일괄 동의 재청으로 추대하는 식으로 선출하는 총회의 모습은 잔칫집 분위기까지 연상된다.

한국에서 보이는 과열 임원선거도 여기에는 없다. 총회 임원이 되려고 운동하는 일도 없는 총회다. 그러다보니 총회 임원 선거가 끝나면 저녁 늦게까지 총회장에 당선 된 사람은 1,2,3차까지 식당, 그릴, 커피숍 등으로 어울리면서 '한턱'으로 대접하는 진풍경까지 연출한다. 총회시즌에 볼 수 있는 이런 아기자기한 재미들이 있는 총회가 재미총회다.

필자는 지난 10여년 간 재미총회의 사랑을 받기도 하고 주기도 하며 한식구가 됐다. 뜻하지 않게 19회 총회 때 처음으로 '자문위원'으로 추대 받았다. 그동안은 총대가 아닌 본국사절단으로, 20회 총회 때는 본국에서 총회장 일행은 축하사절단이었지만, 필자는 총회 총대자격으로 당당하게 자문위원석에 앉아 총회를 참석하는 감격과 영광을 얻었다. 이때 처음으로 자문위원회를 구성했다. 전은상 목사를 위원장으로, 필자가 간사를 맡아 총회때 자문위원이 무엇인가 기여하기로 의논했다.

세월의 흐름과 시대의 변천에 18회기때 임원선거에 약간의 문제가 생기고, 교회도 문제가 생겨 전권위원회가 구성됨으로 재미있는 총회가 '재미가 적은 총회'가 되는가 하는 우려도 있기는 하지만 재미총회는 계속 재미있는 총회로 발전하기를 기대해 마지않는다.

이번에 재미총회 20년사를 발간하는 일은 참으로 뜻 깊은 일이 아닐 수 없다. 20년의 역사가운데 10여년 간 지켜본 재미총회가 이제 성년의 나이를 맞았으니, 더욱 발전하고 미래를 품을 수 있는 성숙한 총회가 되는 간절한 바램을 가져본다. 다시 한번 축하의 뜻을 전하며 재미총회가 재미가 넘쳐나는 총회, 미국의 희망과 기쁨의 1번지가 되기를 기원한다.

20주년 기념 축사

이한석 목사
한국 고신총회 총회장
수영교회 담임목사

할렐루야! 재미총회가 20년을 맞이하게 됨을 진심으로 축하드립니다. 재미총회 20년이라 하면 사람들마다 느끼는 것들이 다르겠으나 머나먼 이국땅에서 20년을 맞이하는 분들에게는 말할 수 없는 감동으로 다가올 줄 믿습니다.

총회란 하나의 조직된 공동체가 결코 하루아침에 이루어진 것은 아닙니다. 가까운 십리 길도 오르막이 있고 내리막이 있듯이 20년이란 세월 속에 지나온 그 모든 과정에서 기쁨과 즐거운 일도 있었겠지만 땀과 눈물과 헌신의 수고가 있었을 것입니다.

그 결과 재미총회 20주년이란 오늘이 있게 된 것을 마음껏 축하드리며 주 하나님의 놀라운 위로와 평강이 넘치기를 기원합니다.

먼저 축하를 드리고 싶은 것은 하나님의 은혜와 섭리를 축하드립니다. 재미총회 20년의 영광은 무엇보다 하나님의 놀라운 섭리하심과 계획하심이라 믿습니다. 하나님께서 요셉을 애굽으로 인도하심이 우연이 아니었듯이, 정든 고국을 떠나 미주대륙에 삶의 터전을 잡은 것은 하나님의 인도하심이 분명히 있었기 때문입니다. 사람마다 이곳에 오게 된 사연이 다를지라도, 주님께서 미주 땅으로 인도하셔서 여러분들을 통하여 재미총회를 조직하게 하신 하나님의 섭리와 축복을 축하드립니다.

두 번째로 재미총회를 조직한 분들의 수고에 대하여 축하드립니다. 미국에 온 청교도들의 신앙처럼 고신교단의 불모지에서 악전고투하며 개혁주의 교회를 설립하고 자기희생적인 헌신을 통해 노회를 조직하고 총회를 구성하며 오늘에 이르게 되었습니다.

오늘의 이 영광, 이 열매를 위해 많은 분들이 지금 우리가 생각할 수 없는 고통을 감내하셨습니다. 그분들이 받으셔야만 했던 아픔과 서러움은 우리가 가히 헤아릴 수 없는 것들입니다.

이 모든 과정은 재미총회 선배들의 땀과 눈물과 기도의 결실이라고 믿어 의심치 않습니다. 그 결과 오늘의 총회를 이루고 오직 믿음으로 개혁주의 교회건설을 해오신 재미총회 선배들의 희생과 수고를 높이 평가하면서 아낌없는 축하를 드립니다.

끝으로 재미총회가 역사 속으로 더욱 크게 쓰임 받게 될 것을 확신하며 축하드립니다. 재미총회가 지나온 걸음보다 앞으로 더욱 이 지구촌위에 크게 쓰임 받을 줄 믿습니다. 미국에 온 청교도들처럼 하나님 손에 붙들려 주님주신 Vision으로 시대적 사명을 감당해 가시기 바랍니다. 재미총회와 모국의 고신교단은, 비록 지역적인 그리고 공간적인 한계 때문에 별도의 치리회를 구성하고 있으나 동일한 역사적 배경과 신학이념, 그리고 신앙정신을 공유하고 있습니다. 우리는 과거에도 그러했지만 앞으로도 더욱 유대관계를 강화하고 상호기도로 후원하며 사랑과 위로를 나누어야 하겠습니다.

그리하여 세대와 시대가 흘러도 개혁주의 교회건설에 위대한 하나님께 쓰임 받아 후일에 더욱 풍성한 열매를 거두는 총회, 날로달로 발전해가는 재미총회가 되기를 기원하면서 이만 축사에 가름 합니다.

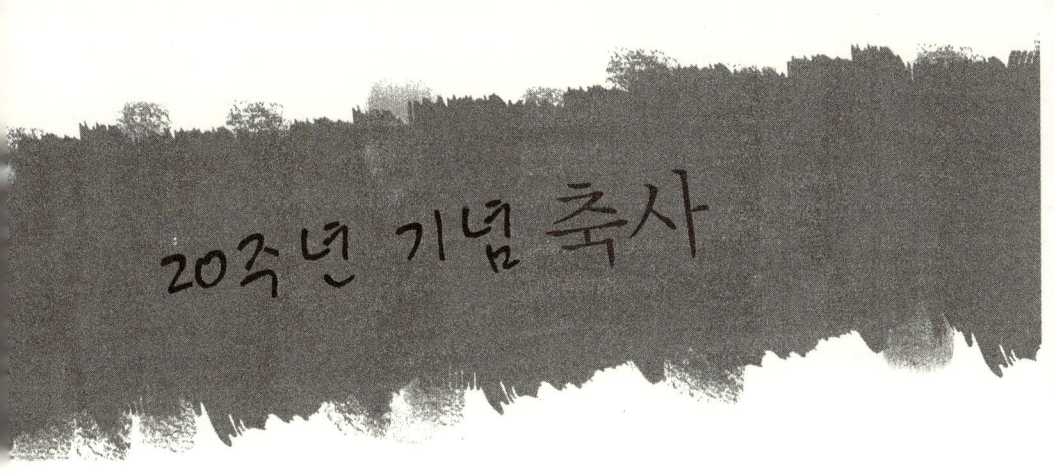

20주년 기념 축사

"주 예수 그리스도의 은혜와 하나님의 사랑과 성령의 교통하심이 너희 무리와 함께 있을찌어다" 아멘 (고후 13:13)

권오정 목사
한국 고신총회 부총회장
대구서교회 담임목사

이역만리 미주에서 지금까지 진리 운동(고신 운동)에 헌신하시는 재미총회 산하 교회들 위에 우리 주님의 은혜와 평강이 함께 하시기를 기원하면서 본국 총회를 대신하여 문안드립니다. "재미고신 총회 20년사" 발행을 마음모아서 축하를 드립니다.

먼저 고신의 불모지 미주에 고신 운동을 개척한 원로 지도자 여러분께 위로와 축하를 드립니다.

여러분은 영광스러운 고신 교회 개척과 함께 고신 총회를 개척하였습니다. 여러분은 고신 1세들로서 고신의 별입니다. 여러분은 고신의 뿌리요 고신의 조상들입니다. "내가 선한 싸움을 싸우고 나의 달려갈 길을 마치고 믿음을 지켰으니 이제 후로는 나를 위하여 의의 면류관이 예비되었으므로 주 곧 의로우신 재판장이 그 날에 내게 주실 것이니..."(딤후4:7~8) 일몰 직전의 태양처럼 여생이 더욱 아름답고 영광스러운 일들이 많기를 두 손 모아 기원합니다. 여주 동행 하소서.

다음은 현역으로 일선에서 열심히 뛰시는 여러분에게 위로와 축하를 드립니다.

여러분은 선배들이 이룩한 터 위에서 꽃을 피우고 열매를 맺게 하는 고신의 2세들입니다. 더욱 튼튼하고 건강한 총회로 세우시기를 부탁드립니다. 안타까운 것은 세월의 흐름에 따라 고신의 정체성이 흐려지고 있습니다. 우리 고신의 정신은 순교 신앙입니다. 고신 신앙의 특색은 "신앙의 정통과 생활의 순결입니다. 교단의 이념은 신구약 성경과 본 장로회 표준 문서들(웨스터 민스터 신앙고백, 대소교리문답, 교회 정치, 권징조례, 예배지침)에 의한 개혁주의 신학을 따라 믿고 전하고 생활한다"는 것입니다. (제 26회 총회 결의) 이것이 우리 고신의 신앙의 본체요 원색입니다. 반세기를 지나오면서 우리의 신학도 신앙도 생활도 희석되고 변색되었습니다. 바라기는 현역 지도자들께서 코람데오(CORAM DEO 하나님 앞에서)의 정신으로 고신의 정체성을 회복하고 튼튼히 보강하여 다음 세대로 계승하시기 바랍니다.

그 다음은 자라는 후예들에게 축하를 드립니다.

여러분은 어여쁜 고신의 새싹들입니다. 고신의 비전, 고신의 희망입니다. 고신의 손자 3세들입니다. 훌륭한 할아버지들, 아버지들에게서 고신인으로 태어나 아름답게 배우고 훈련받고 자라는 고신의 장래 꿈나무들입니다. 훌륭한 신앙의 가문, 전통있는 교단에서 자라는 자랑스러운 고신의 후손들입니다. 조상들이 물려준 아름다운 영적 유산을 소중히 간직하여 건강한 고신인으로 자라서 미주뿐 아니라 세계 구석구석마다 고신의 신앙을 고백하고 선포하기를 바랍니다. 그리하여 개혁주의 세계 복음화라는 선조들의 소망을 성취하기를 부탁합니다.

마지막으로 재미 고신 총회 산하 모든 교회들에게 다시 축하를 드립니다. 나봇은 조상이 물려준 유산인 포도원을 지키다가 생명을 바쳤습니다. (왕상21:)

재미 고신 교회들이여!

그대들은 세계 속에 파송된 고신의 특사들입니다. 전령들입니다. 그대들은 고신의 홍보대사입니다. 고신의 선교사입니다. 그대들은 고신의 작은 거인입니다. 고신의 자랑과 기쁨의 면류관입니다. (살전2:10) 우리 고신은 고신의 원조인 출옥성도들이 피와 생명을 바쳐 세우고 지킨 교회입니다. 그대들의 선배들이 미주로 건너와 피와 땀과 생명를 바쳐 세우고 가꾼 아름다운 포도원 교회입니다. 고신의 긍지와 자부심을 가지고 기도와 말씀으로 지켜서 극상품 포도를 생산하는 일등 포도원을 만들어 후손 대대로 물려주고 물려주어 포도원 주인되신 주님이 오실 때 바쳐드리시기 바랍니다. 반드시

착하고 충성된 종의 반열에서 칭찬과 면류관을 받을 줄 믿습니다.

"네 하나님 여호와께서 이 40년 동안에 너로 광야길을 걷게 하신 것을 기억하라"(신8:2)

재미 고신 형제 자매 여러분!

이 말씀은 여러분에게 두 가지 말씀으로 교훈합니다.

① 지난 20년에 대한 회고의 교훈입니다. 지난 20년은 감사와 반성과 회개로 회고합시다. 감사하면서 아쉬움과 부족함을 반성하고 회개합시다.

② 앞으로 20년에 대한 비전의 교훈입니다. 앞으로 20년을 새로운 비전과 전망으로 각오와 결단을 합시다. 재미 고신의 사명의 비전은 "개혁주의 세계 교회 건설"입니다. 재미 고신이 세계 선교의 센타로 세움을 받은 것을 확신하고 고백합시다.

재미 고신 총회 20년사 발행을 하나님께 감사드리며 재미 고신 총회에 다시 축하를 드립니다. 에벤에셀(도우시는 하나님, 삼상 7:12)의 하나님이 재미 고신 총회 위에 함께 하시기를 기원합니다.

재미 총회 20년사
축시

● 승리의 그날을 바라며　　　　　　　－ 고 심군식 목사

● 민들레 꽃씨되어 떠나는 당신들　－ 고 심군식 목사
　（신학대학 대학원 졸업생에게）

● 부활의 새아침　　　　　　　　　　－ 김만우 목사
　（New Morning of Easter）

승리의 그날을 바라며

고 심군식 목사

여름
그 무덥던 날
푸른 나무 숲에 앉아
노래하며 즐기던
왕매미처럼

가고 싶은 곳
어디든 날아 다니며
한가하게 노래하고
즐기더니

어느 날
갑자기 무거운 사명받고
복음의 종되어
애벌레가 나비되는
아픔의 눈물 흘렸습니다.

오늘은 신들메 굳게 메고
출발선에 선
마라톤 선수들의
가슴 뛰는 모습들
조용 조용히
승리의 응원가를 부릅니다.

명예 권세 헛된 욕망
버리고 던지고
빈 마음 가지시고

깃털처럼 훨훨 날아가듯
영광의 주만 바라보고
달리고 달리세요.

아, 저기
들리지 않습니까?
구름같이 둘러싼
허다한 증인들의
우렁찬 박수갈채,

그리고 보이지 않나요?
의로우신 재판장의
손에 들린
생명의 면류관이,

〈이 축시는 심군식목 사님의 생정에
재미총회 참석시 총회 석상에서 발표된것임.〉

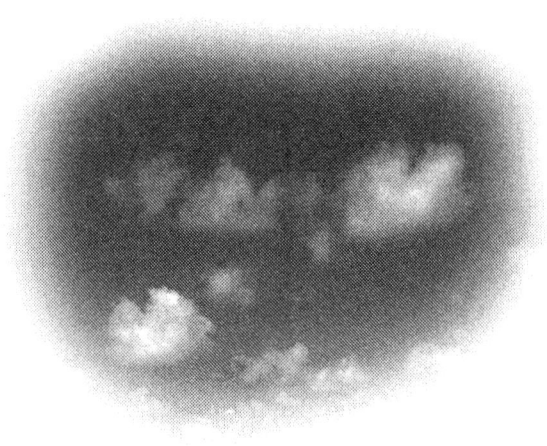

민들레 꽃씨되어 떠나는 당신들
(신학대학 대학원 졸업생에게)

고 심군식 목사

노란빛 홍건한
고운꽃잎으로 피어
잔잔한 웃음으로
들길을 밝히다가
오늘은 은빛 작은 날개를 달고
여기 씨앗으로 영걸었습니다.

이렇게
당당한 씨앗으로
나서기 위해
숱한 낮 밤을
그리도 다지고 다졌습니까?

세상은 밤이 깊고
현란한 불빛 아래
죄악은 더욱 짙어
정의의 울음소리
구슬피 들려 옵니다.

아 그런데
귀 기울러 보세요
시리도록 파아란
하늘 저쪽에서 들려오는
세미한 소리
"내가 누구를 보내며
누가 우리를 위하여 갈꼬"

이제는
준비된 씨앗들이
대답할 차례입니다.
"내가 여기 있나이다
나를 보내소서"

부르시면
어디든지 떠날 수 있게
십자가 등에진
작은 씨앗들

세상을 깨우고
교회를 깨우려
아침 햇살처럼
싱싱한 복음 손에 들고

오대양 육대주
오라시면 어디든
날아 가세요.

날아가 앉는 곳마다
황금빛 고은 꽃 피우고
잔잔한 그리스도의 향기
날리소서.

〈1998. 10. 28.〉

부활의 새아침

김만우 목사

광야에서
마른
아론의 지팡이
하룻밤 사이 법궤 곁에 두었더니
싹이 나고 꽃피어 살구열매 맺히듯

찬 겨울
떨고만 섰던 새까만 나무들
봄볕 봄바람 봄비 다사롭게 와 닿을 때
표피 말끔히 벗고
윤기나는 몸매
녹색 꿈
연분홍 미소 샛노란 평화의 대화
가지 각색의 향기 피우듯

어둠의 거리에서
짐승처럼 울부짖으며 거침없이 쏘다니며
탕자문명에 중독되어 비틀거리던 영혼들

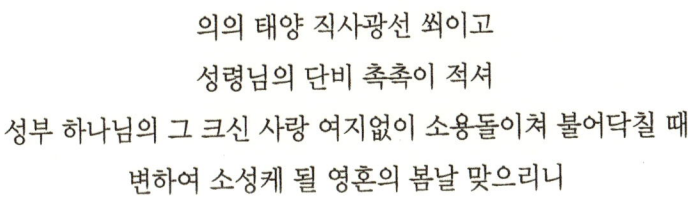

의의 태양 직사광선 쐬이고
성령님의 단비 촉촉이 적셔
성부 하나님의 그 크신 사랑 여지없이 소용돌이쳐 불어닥칠 때
변하여 소성케 될 영혼의 봄날 맞으리니

십자가에 못박히시고 옆구리 창에 찔리시고
물과 피 남김없이 쏟으시고
죽으시고 묻히시고 사흘간 무덤 속에 머무셨다가
다시 사신 예수님 우리 구주
생명의 원천
인류의 영원한 소망
십자가와 부활의 주님 때문이라

십자가와 부활신앙으로
애통, 회개, 자복하며 발걸음 돌이켜
사라의 목자님 향해 달려가는 사람들은
누구든지
사망의 밤은 지나고
새 피조물의 영광의 새날
동터오는 부활의 새아침 맞이하리

〈2006. 4. 7.〉

New Morning of Easter

In the wilderness
Dried
Aaron's staff
When through a night next to the Ark was placed
Just as it sprouted, blossomed and hung of apricots

Cold winter
Only tremblingly having stood black trees
When spring rays, spring wind, spring rain amicably approach
Tree skin is immaculately shed
Splendid style
Green dream
Light pink smile, intense yellow peace dialogue
just as with every kind and color scent emitting

On roads of darkness
Like animals crying out, wildly darting here and there
To libertine culture addicted staggering souls
When sun of righteousness' direct ray blazes
Holy Spirit's sweet rain thoroughly moistens
God the Father's that great love unsparingly like whirlwind

blows, dashing in

    Spring day of soul transformed and to be revitalized shall greet

    On the cross nailed, in the side by spear pierced

    Water and blood with none remaining poured

    Died, was buried, for three days in the tomb remained

    Rising again Jesus our Savior

    Original source of life

    Humankind's eternal hope

    Because of the Lord of the cross and resurrection

    With cross and resurrection faith

    Grieving, repenting and confessing footstep redirecting

    Toward the Shepherd of love running people

    Whoever

    Night of death passing

    New creation's glorious new day

    Dawning Easter's victorious new morning shall welcome

                              Rev. Manwoo Kim

                              April 7, 2006

재미총회 20년사에 즈음하여

임종수 목사
한국 고신총회 총무

  본인은 1985년 1월 10일 미시시피에 있는 개혁신학교의 기독교 교육학 입학허락서를 가지고 도미하였다. 약 1개월이라는 준비시간에 뉴져지에 계시는 박재영 목사님 댁에서 미국을 배우고 있었다. 그 때 이근삼 박사님께서 펜실배니아주에 있는 스크랜톤이라는 작은 도시에 목회를 하고 계셨는데 자주 방문을 하기도 하였다. 이제 한국으로 영구 귀국을 하시면서 재미 총회를 조직하는 것이 합당하다고 생각하셔서 2월 4일 뉴욕 맨하탄 32가에 있는 서울하우스에서 이근삼 박사, 박재영 목사, 김만우 목사, 임종수 목사가 1984년에 합의된 원칙을 문서화하여 서명하였다. 1985년 11월 11일~12일까지 펜실배니아주 포코노 수양관에서 고신인 모임을 갖고 창립총회를 가지게 되었다.

20년의 세월이 흐르는 동안 재미 총회는 급성장을 하였고 이제는 튼튼한 반석위에 세워졌다. 재미총회가 조직되어 지금에 이르기까지 헌신하신 몇 분의 목사님들을 잊어서는 안 될 것이다. 제일 연장자이시며 이민교회의 베테랑이신 박재영 목사님과 재미 총회를 만들기 위하여 사명감을 가지고 도미하신 신현국 목사님과 그리고 일찍이 도미하셔서 온갖 개인적 유익의 유혹을 거절하시고 교단 정신을 이어가기를 원하셨던 김만우 목사님이시다. 그 외 산파 역할을 하신 분들도 있다. 이분들의 노고가 없었다면 재미총회는 존재하지 못하였을 것으로 사료된다. 교회 건축이나 개인의 생계유지나 사후 복지 문제의 좋은 혜택을 거절하셨고 거대한 교단의 일터로 오라는 유혹도 뿌리치셨고 일편단심 우리 교단의 정체성을 지키고 후배들에게 물려 주기 위하여 희생하신 분들이다. 그런 측면에서 다시 한번 이분들에게 감사를 드리는 바이다. 후배들에게 부탁의 말씀은 선배들의 정신을 잘 이어받아 주님오시는 날까지 계속 발전시켜 나가시기를 기대한다.

재미총회 20년사
사진전 I

▲ 제19회 재미총회. 2003년 10월 28일~31일 델라웨어 영원한교회당

▲ 제11회 재미총회. 1995년 10월 31일~11월 2일 산호세 한인장로교회당

▲ 제15회 재미총회. 1999년 10월 26일~28일 시애틀 중앙장로교회당

▲ 재미총회에 참석한 남미노회원

▲ 내 모습 그대로. 재미총회 주역들

▲ 재미총회 새로운 10년을 향하여

▲ 재미총회 아틀란타 선언문이 채택된 후

▲ 에반겔리아대학교의 전신 고려신학대학원 현판식 로스엔젤레스 말투스교회

▲ 현판식을 마치고

▲ 재미총회 남미노회 초대교회기도원 현판식

▲ 2005년 중남부 아프리카 선교사대회 참석 후 희망봉에서 김만우, 박재영 목사

아틀랜타 선언문 98

살아계신 우리 구주 예수 그리스도의 영이 인
도 하셔서 우리는 재미 한인 예수교 장로회 총회
제 14회 정기 총회로 미국 조지아 주 아틀랜타
염광교회에 모였다. 3일간의 회의 일정을 은혜
속에 마치고 성령 안에서 마음과 뜻이 하나로 되
어 다음과 같은 선언문을 채택하고 각각 임지로
돌아가게 되었다.

1. 우리는 하나님께서 뜻이 계셔서 이곳 미주
   와 남미 땅으로 보내어 주심을 믿는다. 그
   뜻은 뜻이 하늘에서 이루어진 것 같이 이 땅
   에서도 이루어지는 세계선교를 위함인줄 믿
   는다.

2. 세계선교를 위한 우리 교단의 교두보로서 재미 총회는 금번 제 48회 모국 총회에서 일어난 회개운동을 우리의 본연의 모습인 줄 알고 전폭적으로 수용하고 동참하고 감사드린다.

3. 우리는 진리 안에서 온 세계에 개혁주의 교회를 건설해 나가는 이 운동이 하나님 나라의 확장을 위한 우리의 사명인줄 믿는다.

4. 우리는 앞서간 우리의 신앙의 선배들의 믿음의 본을 계속적으로 계승, 발전시켜 나아가 우리의 후손들에게는 보다 나은 믿음의 유산과 전통을 물려주기 위해 서로 협력하고 힘을 다할 것을 다짐한다.

5. 우리는 해외에서 우리 교단 이념인 "개혁주의의 생활화"를 우리의 지표로 삼고 주님 오시는 그날까지 대동단결하여 총력을 기울여 매진해 나갈 것을 다짐한다.

제14회 재미 한인 예수교장로회 총회 참석자 일동

The Atlanta Declaration, 98

By the leading of the Spirit of out living Savior Jesus Christ, we have gathered at the Salt & Light Presbyterian church in Atlanta, Georgia for the 14th General Assembly of the Korean Presbyterian Church in America. After 3 days of blessed meetings, and having been united in heart and mind, we have drafted the following article of declaration, as we return to out respective locale of service.

1. We believe that out God had a purpose in sending us to the United States, Canada and South America. That purpose is the evangelization of the world which God will fulfill on earth as it is in Heaven.

2. As the bridge head of our denomination for the evangelization of the world, the General Assembly of the Korean Presbyterian Church in America wholeheartedly accept, participate, and appreciate the example of the repentance movement at the 48th General Assembly in Korea.

3. We believe that the establishment of the Reformed Church throughout the world by the truth of God is our mission for the expansion of the kingdom of God.

4. We affirm that we will continue to inherit and develop the example of faith of our forerunners and give our utmost dedication and cooperation, so that our descendants may receive an even greater heritage and tradition of faith.

5. We take the motto of our denomination overseas, which is the "Life Application of the Reformed Faith," as our goal, and affirm that we will be united to give all our strength to uphold it until the return of our Lord Jesus Christ.

All participants of the 14th General Assembly Meeting of
The Korea Presbyterian Church In America

제2부

재미총회 20년

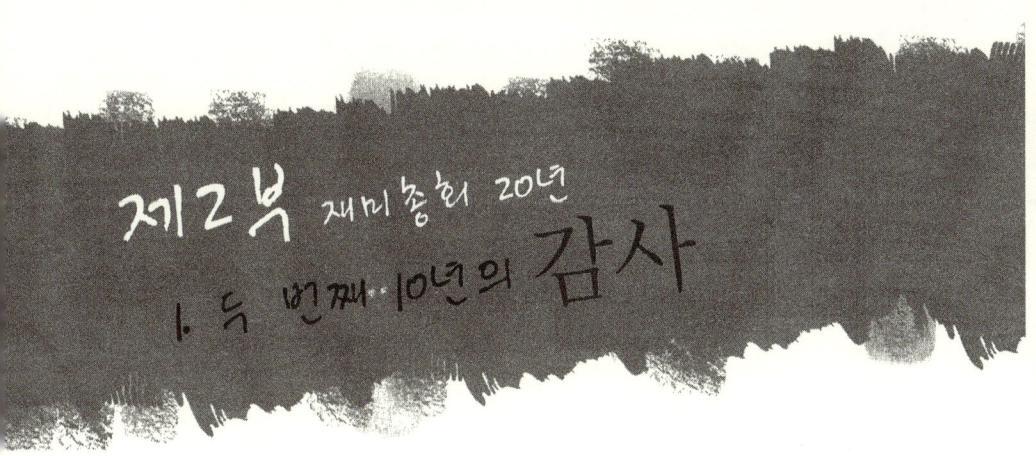

하나님의 섭리와 간섭으로 출범한 재미총회가 20년을 넘겼다. 미국 이민 정책의 변화가 세계화의 물결의 흐름 속에서 한민족의 미대륙 진출이 활발해진 상황 속에서 고신운동이 미대륙에서 전개된 것이 20년을 지나오게된 것이다. 재미총회 10년사를 낸 것이 10년 전인데, 벌써 20년사를 내게 되었다.

박재영 목사
20년사 발간 총책,
증경총회장(초대,10대),
뉴져지 제일한인교회
원로목사

두 번째 10년의 감사

재미 고신교단의 태동에 관하여는 1995년 9월 8일 발행한 재미총회 10년사 pp.27-31까지 상세히 기록되어 있다. 여기에 기록되지 않은 발기

문을 최초로 소개하고자 한다.

이것은 재미총회가 출범한 1985년 11월 11일~12일까지 펜실배니아주 포코노 수양관에서 모인 첫 총회 이전의 사건이다.

발기문

주후 1985 년 2월 4일 (월) 정오 뉴욕 맨하탄 서울 회관 에서 재미 교포선교 문제에 대하여 지금 까지 논의해온것을 구체화 하면서 다음과 같이 발전적인 조항에 서명해 친것이다.

합의 사항

1. 개혁주의 교신 순교신앙을 미주 교포사회에 선교하기 위하여 하청 "북미 교신노회"를 받기로다.

2. 미주에서 창립되는 본국 교신 총회와 자매관계를 명기 로 하고, 일체의 행정과 치리는 교포 교회 실정에 알맞게 조정하는 독자적인 헌법을 가지기로 하고 그 실행은 본국 총리가 원칙에 합의해 주도록 이근삼 박사의 귀국시에 위임키로 한다.

3. 북미 지역에서 본취지에 동의 찬동하는 서명한 목사 7명과 장로7명 이 (단 전반은 현역 교포교회 목회자와 서무장로) 될래 창립 조직 회더를 가지기로한다.

위의 취지에 찬동하면서 여기에서 명한다.

※ 자매관계라 한은 다음사항등을 포함한다.
1. 총회시 대표 교신—
2. 양 총회 속한 목사는 목사이명서라 강단는 자유롭게 교신한다
3. 양 총리 직속 신학 — 도생 교류를 자유로 한다
4. 선교사업을 공동 교류로 한다

이근삼   朴 載聲   Thomas   김 진경

1985년 2월 4일(월) 정오 뉴욕 맨하탄 서울회관에서 재미교포 선교문제에 대하여 논의하고 합의된 발기문이다. 여기에 서명한 분들은 이근삼, 박재영, 김만우, 신현국, 김진경, 제씨다.

여기에서 합의된 사항이 지금 그대로 이뤄지고 있으며 첫 10년에 못한 것이 두 번째 10년으로 옮겨가고 있다.

역사적인 가치가 있다고 20년사에 넣기로 했다.

참으로 하나님께 감사와 영광을 돌리고 다음으로 역대 총회 임원들과 각 노회 임원들의 헌신과 노고에 대하여 감사드려야 하겠다. 뿐만 아니라 교단산하 각 교회와 헌신된 지도자들에게 격려와 칭찬을 안겨주어야 하겠다. 오늘의 재미총회는 많이 숫적으로 성장했다. 남미노회만은 본국 선교부의 실정을 모르는 선교정책 때문에 오히려 약세가 된 듯한 모습이다.

교단 태동의 모체가 되었던 동부노회는 여전히 힘있게 발전하고 있다. 총회출범의 기틀이 되었던 서부노회는 북서노회와 정책상 이유로 분할하였으나 여전히 노회의 역할을 가진 힘을 다하여 나아가고 있으며, 북서노회는 회원들의 친목과 노회운영이 재미총회의 모범이다. 중서부노회는 대체로 젊은 목사와 광활한 지역으로 구성되었다. 패기 있는 모습으로 전진하는 모습이다. 캐나다노회는 주축이 되었던 토론토제일장로교회의 총회헌법수용 문제로 진통을 겪는 바람에 캐나다노회 존폐문제에까지 이르러 전권위원을 통해 수습해 보려 했으나 지금 형편으로 속수무책인 상태로 이름만 유지하는 형편이다.

현재 정상적인 노회 운영을 하고 있는 노회로 동부노회, 서부노회, 북서노회, 중남부노회 4개 노회이며, 캐나다 노회와 남미노회는 정상적인 노회 운영이 어려운 실정이다.

역할전위의 때 초기 교단 태동과 더불어 활동하던 분들이 정년이 되고 퇴임하게 되니, 하나님께서 새로운 젊은 목사들을 많이 영입하여 교단 모습이 많이 달라지고 있는 형편이다. 개혁주의 세계교회 건설을 목표로 세워진 재미총회와 함께 20년을 활동한 동부에는 박재영 목사가 뉴져지 제일한인교회를 설립하여 30년간 목회하고 은퇴한 것과 서부에도 신현국 목사가 산호세한인장로교회를 목회하다가 정년은퇴한 것은 재미총회 창립멤버들 하나 둘 이민목회 일선에서 물러나 제2선에서 여생을 봉사하게 되었다.

박재영 목사는 뉴져지 제일한인교회 원로목사로, 신현국 목사는 산호세한인장로교회 원로목사로 추대를 받아, 명예롭게 은퇴 후에도 문제가 발생한 교회와 노회에 부름을 받아 동

▲ 제21회 재미총회 후. 2005년 10월 24일~27일, 휴스톤한빛장로회, 텍사스 휴스톤 식물원 방문 기념, 오른쪽 박재영 목사(초대, 10대 총회장), 왼쪽 신현국 목사(2대, 11대 총회장)

부와 서부에서 선교목사로 교회를 봉사하고 주님을 위해 활동하고 있다.

역사는 하나님께서 주장하신다. 하나님께서 재미총회를 세우시고 20년간 때를 따라 돕는 은혜를 주셨다. 초기 10년 동안 전재린 목사(제3대 총회장), 정필흠 목사(제5대 총회장), 강위상 목사(제13대 총회장) 등 은퇴하시고 뒤에서 총회를 위해 교단 교회를 위해 제2선에서 지원을 아끼지 않는다. 해마다 유능한 젊은 목사 후보생들이 고시를 거처 안수를 받고 교단교회 목회자가 되었다. 미국의 교포교회 상황이 타교단 교회에 전도목사로 파송 받아 사역할 수밖에 없는 실정이다. 선교지에도 젊은 선교사들이 파송되어 선교사역이 한층 활동적이 되고 있다. 생명을 조금도 아까운 것으로 생각하지 않는다는 사도바울의 각오로서 세계 각처에 파송을 받는다.

제2부 재미총회 20년
2. 모국 교단과의 행정 협정

　　모국교단인 대한 예수교장로회(고신) 총회는 재
미총회 출범에 있어 직접적인 정책은 없었다. 다만
유학 목적으로 미국에 와서 공부를 마치고 목회 사
역을 하던 목사의 수가 증가하고 한국에서 이민 물
결에 미루어 미국에 이민한 목사들이 치리회의 필
요를 절감하면서 재미총회가 출범한 것이 20년의
세월을 넘기게 된 것이다.

　　재미총회에서 안수를 받고 목사가 된 자들이 사
정에 의거 모국교회에 청빙이 되면서 문제가 발생
하게 됨으로 재미총회는 모국교단과 행정협정이
필요하게 된 것이다. 재미총회는 이민목회를 모국
총회가 심도 있는 이해를 바라면서 주후 2005년
10월 27일 제21회 총회 시에 서명하였다. 그 내용
은 다음과 같다.

행정 협정서

    제21회 재미총회에 참석한 한국총회 사절단 총회장 이한석목사, 부총회장 권오정목사, 이우성장로 및 총무 임종수목사가 재미총회 총회장 구자경목사, 총회 서기 우영종목사가 총회 결의에 의거 다음과 같이 2005년 10월 27일 재미총회 장소인 휴스턴 한빛교회당에서 행정협정서를 체결하여 서명하다.

협 정 조 항

1. 한국고신총회와 재미총회가 자유로히 강단 교류한다.
2. 한국고신총회와 재미총회가 조건 없이 동일한 자격으로 청빙에 응할 수 있다.
3. 한국고신총회와 재미총회의 선교사역은 필요할 때는 동일보조를 가지고 사역한다.
4. 한국고신총회와 재미총회는 형제교단으로 행정적인 동등한 보조를 취하므로 한 가족관계로 일한다.
5. 한국고신총회와 재미총회는 재미총회가 선교적인 전방기지가 된 것을 확인하고 최대한 서로 협력한다.
6. 한국고신총회와 재미총회는 목사 청빙에 조건 없이 합의한다.
7. 한국고신총회와 재미총회는 항존직분자의 이명이 가능하다.

주후 2005년 10월 27일

서명	한국총회 총회장 이한석 목사		재미총회장 구자경 목사	
	부총회장 권오정 목사		부총회장 이유랑 목사	
	총무 임종수 목사		서기 우영종 목사	

제2부 재미총회 20년
3 선교정책 협정의 필요

　　재미총회는 선교적인 면에서 모국교단의 세계
선교에 있어 교두보의 역할을 할 수 있다. 그러
나 모국 교단은 재미총회에 대한 이해와 인식의
도가 미흡함을 지적하지 않을 수 없다. 예를 들
면 남미노회가 좀 활발한 활동을 하는 듯 했으나
본국교단이 파송한 선교사들을 총회 세계선교부
가 재미총회에 적극 참여함을 제한하여 방청하
는 형식으로 하라는 지시를 했기 때문이다. 각
지역마다 고신출신 목회자들이 사역하는 한인교
회들이 생기고, 현지사정에 알맞은 치리회의 필
요 때문에 노회, 총노회, 총회가 조직 된 것이다.
모국 교회 총회 선교부는 현실을 감안하여 모국
교단 파송 선교사들에게 재량을 주고 활동하도

록 하므로 세계선교적인 사명을 더욱 효과적으로 수행하도록해야 할 것이다.

이 일은 2004년 6월 1일~4일까지 태국 방콕에서 개최된 고신 세계 선교 포럼에서 다루어진바 있다. 그러나 형평성의 이유 때문에 남미노회는 약세를 면치 못하고 있다. 재미총회가 모국교회 파송 선교사를 지원하는 이유 하나로만도 긴밀한 상호협력이 필요한 것이 오늘의 실정이다. 재미총회 선교부는 다음과 같은 선교 규약을 제정하였다.

선 교 규 약

1. 재미총회 산하 파송 선교사는 후원교회와 총회선교부에 정기 보고를 한다. (가능한 한 두 달에 1회, 분기에는 필수적으로 보고)
2. 생활비 지급은 총회에서 정한대로 전월 말경에 지급하고, 기타 활동비는 선교사의 청원에 의해 선교부와 후원교회가 협의하여 지급한다.
3. 재정보고는 선교활동비로 지급된 금액과 총회에서 지급하는 생활비 이외의 수입원에 대하여 한다.
4. 안식년은 첫째 4년 후 그 다음은 5년 후 그 다음부터는 6년 후, 1년간 가지기로 하고(원할 때), 안식년 동안은 재충전, 연구, 휴식, 후원교회 순회보고, 선교비 모금 등의 기회로 삼는다.

5. 보험, 은퇴 후 생계, 자녀 해외대학 유학 경우 학비보조, 기타 경비를 위하여 형편이 허락하는 대로 생계비의 10%에 해당하는 것을 정립하기로 한다.
6. 한국에서 파송된 교단 선교사와 협력선교를 한다.
7. 남미의 경우 남미노회조직, 남미고신 선교회 발족, 남미고려신학교 설립에 적극 협력한다.
8. 남미의 선교사역은 인디언, 원주민, 타민족, 교포를 상대로 한다.
9. 재미 총회 시에는 원칙적으로 참석한다.
10. 이외에 필요한 사항은 선교부에서 따로 정한다.

1993. 11. 22.
재미한인예수교장로회(고신)

재미총회가 도링신도 선교사로 김진경총장(연변과기대 설립자)을 북한 선교를 목적으로 세워진 기술대학교를 위해 파송한 것은 제3회 총회(1987년 11월 3일~5일간 모인 유타제일장로교회에서 가결되었으매 공산권 선교를 위해 다음 해인 1988년 이현봉 선교사(사역 중 C국에서 순직)를 C국에 파송했으며, 정삼식 목사를 쿠웨이트에 파송했다.

지금 파라과이 선교사 김기석 선교사는 재미고려신학교를 졸업하고 현지인 교회를 개척하고 활발한 선교사역을 수행하고 있다. 최근 김민관 선교사는 GP선교부와 더불어 인도네시아에서 사역하고 있다.

한편 에반겔리아대학교 대학원(고려신학대학원)을 졸업하고 재미 총회 선교사로 활동중인 김홍구 선교사와 김광수 선교사는 아마존 따바찡가에서 삼국경 신학교(Seminario Tres Fronteiras)를 세워 라틴아메리카 복음화에 주력하고 있다. 최근 발송된 뉴스레터를 게 재한다.

아마존 선교회(M.E.T. : Mission Evangelica Tres Fronteiras) 보고서

〈아마존 선교사 파송〉

2003년 델라웨어 미주 고신 총회에서 강광수, 김홍구 목사를 브 라질 아마존 선교사로 파송

〈아마존 소개〉

Presentation으로 대치

〈신학교 소식〉

설립목적

삼국경신학교의 설립 목적은 260개의 부족이 각자의 방언을 사 용하고 있는 아마존 지역에 효율적으로 복음을 증거하여 개혁주의 교회를 든든히 세우고 이를 통하여 복음의 능력을 나타내는 것입니 다. 이 목적을 달성하기 위하여 브라질, 콜롬비아, 페루 삼국경 지

역의 미래 교회 지도자들을 모집하여 개혁주의 신학과 순수 근본 신앙으로 양육하고 훈련시켜 이들을 아마존 강변과 밀림 속에 인디오 마을로 파송하여 복음을 전하고 교회를 개척케 합니다. 또한, 기존 개혁주의 교회 지도자들에게 신학과 신앙의 연장교육을 실시합니다.

삼국경신학교 부지 구입

건축, 선교단체 등록 : 삼국경신학교 설립을 위하여 지난 4월 브라질 따바찡가 시 중심에서 차로 10분 정도 떨어진 거리에 위치한 약 1백 5십만 Sq. Ft.가 약간 넘는 부지를 약 3만 5천불에 구입하였습니다. 그 후 곧바로 신학생들 기숙사 겸 임시 강의실과 사무실로 사용할 수 있는 다목적 건물인 여호수아관(1,400 Sq. Ft.)의 건축에 들어가 6월 말에 1차 공사를 마치고 단기 선교팀들을 맞이할 수 있었습니다. 바닥에 타일을 깔았고 미장공사까지 마친 후 수업을 하고 있습니다. 앞으로 2~3년 후에 300명 정도 수용할 수 있는 정식 식당을 짓기 전까지 임시로 사용할 식당을 지었습니다. 이 식당은 양철지붕보다 값이 싸고 더 시원한 이곳 나뭇잎으로 지붕을 덮은 인디오식 건물로써 30명 정도의 신학생들이 한꺼번에 식사할 수 있게 되었습니다. 내년 초 신입생들을 받기 위하여 강의실, 도서관, 사무실, 개인 기도실 등으로 사용할 갈렙관 건축을 위하여 기도하고 건축헌금을 모으고 있습니다. 미화의 평가절하로 말미암아 이 갈렙관 건축비가 4만불 가량 소요될 것 같습니다. 대부분의 건축 자재를 마나우스에서 배로 가져와야 하기 때문에 일반 대도시보다 건축비가 20퍼센트 이상 들어갑니다. 우리 하나님의 선한 손길이

이 프로젝트도 은혜 중에 마치게 하실 줄 확신합니다.

선교단체 등록

지난 5월에 "삼국경복음선교회(M.E.T. ; Missao Evangelica Tres Fronteiras)"가 브라질 연방정부에 정식 종교단체로 등록되었습니다. 이 단체 산하에 삼국경신학교와 삼국경교회가 소속되어 있습니다.

삼국경신학교 개교

지난 9월 5일 삼국경신학교의 문을 열 수 있게 하신 하나님을 찬양합니다. 현재 페루 국적을 갖고 있는 신학생 4명(깔로스 마그노, 깔로스 마셀, 쥴료 따마이요, 에멜죵 아밀통)과 콜롬비아 국적을 갖고 있는 신학생 2명(루이스 알베르또, 쟈이미 모렐리스) 모두 6명의 신학생이 장래의 교회 지도자가 되기 위하여 신학 수업과 경건의 훈련을 받고 있습니다. 따바찡가 시내에서 현지 교회를 섬기고 계시는 빠울로와 안또니오 두 목사님, 배로 한시간 가량 떨어진 벤자민 콘스탄틴 장로교회를 섬기고 계시는 또 다른 안또니오 목사님을 비롯하여 강광수, 김홍구 선교사가 신학생들을 가르치고 있습니다.

이번 학기에는 성경개론, 신약개론, 제자훈련, 초대교회사, 조직 신학 서론 등의 6과목을 개설하여 가르치고 있습니다. 또한 우리 신학생들이 주로 에스파뇰을 사용하기 때문에 뽈뚜게스를 월요일 부터 금요일까지 매일 가르치고 있습니다. 신학생들은 아침 5경 일 어나 개인 경건의 시간을 갖고 청소하고 6시에 학생회 자치회 주관 예배를 드리고 간단한 아침식사를 합니다. 7시에 정규 수업에 해당 하는 예배가 시작됩니다. 화요일과 금요일은 기도회를 갖습니다. 8 시부터 11시까지 신학수업, 11시부터 12시 반까지 뽈뚜게스 수업을 받습니다. 점심식사 후 오후 2시부터 5시까지는 학생회 주관으로 신학교 관리를 위한 작업을 합니다. 오후 6시에 학생회 주관 저녁 기도회가 있고 저녁식사 후 7시부터 9시 반까지 숙제하고 독습하는 시간을 갖습니다. 신학생들은 처음 접하는 생소한 신학용어, 성경 공부, 경건훈련 및 공동생활 등에 조금씩 적응하고 있습니다. 이번 주에는 중간고사를 치르고 있습니다. 오는 12월 9일 이번 학기 종 강을 하게 됩니다.

〈교회소식〉

브라질은 주일날 서녁예배가 대 예배인 관계로 신학교에 있는 신학생들이 예배를 참석하지 못하는 관계로 지난 5월 초부터 저희 신학교 식구들 중심으로 주일 오전 예배를 신학교에서 드리기 시작하였습니다. 우리는 이 교회를 삼국경교회라고 부르고 매주일 꾸준히 예배를 드려왔습니다. 지난 주일에는 어른과 아이들을 모두 합하면 한 40여명 가까이 모였습니다. 진흙 진창이 된 삼국경신학교 진입로를 들어올 때는 신발을 벗어서 손에 쥐고 맨발로 걸어서 들어옵니다. 하나님의 사랑을 사모하여 찾아온 이들에게 복음의 능력이 나타날 때까지 아비와 목자의 심정으로 하나님의 양떼들을 잘 돌보게 하소서. 우리 신학교가 속한 잉크라 지역에는 아직 복음주의 교회가 들어서지 않았습니다. 잉크라 지역에 따바찡가 제2장로교회가 세워지도록 신학교를 왔다 갔다 하면서 매일 기도하고 있습니다.

〈선교사 소식〉

강광수, 김홍구 선교사 두 가정이 삼국경신학교 운영을 위해 동역하고 있습니다. 강선교사 가정은 이제 영주권 신청을 마쳤고, 김선교사는 오는 11월 말 영주권 신청을 하게 될 것입니다.

강선교사는 미주 총회 참석을 위하여 10월 20일 따바찡가를 출발하였습니다. 텍사스 휴스톤 한빛교회에서 있었던 미주고신 총회에서 그동안의 선교사역 보고와 함께 앞으로의 사역계획을 보고하게 될 것입니다. 총회 소속의 많은 교회들이 아마존 영혼구원의 사역에 동참할 수 있도록 기도를 부탁드립니다. 두 선교사 가정에 평화

가 넘치고 이곳 문화와 기후에 잘 적응하여 장기적인 사역을 감당
할 수 있도록 계속 기도 부탁드립니다.

〈기도제목〉

여러분의 기도 속에 다음 기도제목을 포함시켜 주시면 감사하겠
습니다.

1. 어려운 가운데 삼국경신학교에서 공동생활을 하면서 신학 수
   업을 시작한 6명의 신학생들이 하나님 중심의 개혁주의 신학
   과 순결 신앙으로 훈련받아 훌륭한 교회 지도자가 될 수 있도
   록.
2. 6명의 교수님들이 성령에 충만하여 지식과 은혜가 넘치는 강
   의를 하실 수 있도록.
3. 신학교 건축 및 운영을 위한 선교 헌금 모금을 위하여.
   - 여호수아관 페인트 공사비 700불
   - 갈렙관 건축비 4만불
   - 신학교 운영비 월 500불
   - 신학생 6명의 생활비 및 장학금 월 600불
   - 픽업트럭 구입비 2만불
4. 신학교에서 동역할 새로운 선교사들을 위하여.
5. 두 선교사 부부와 자녀들의 영육간의 강건을 위하여.

〈후원방법〉

신학교 건축 및 운영비, 혹은 저희 생활비 등의 선교헌금을 보내
실 때에는 Payable to : "Missionary of the KPC in USA", 보내

실 곳 : Jong Moon Shin(총회선교부 회계) 3127 Orchard View Dr. Fairfield, CA 94543, 메모란에 후원자/교회 이름과 "for 삼국경신학교 사역비"라고 기록해 주시길 바랍니다.

복음의 동역자 여러분의 가정과 직장에 성령의 열매가 풍성히 맺히고, 섬기시는 교회 가운데 큰 부흥이 일어나길 기도합니다. 아울러, 저희 삼국경신학교와 아마존 밀림 속의 인디오 마을을 방문해 주시길 고대합니다.

아마존 솔로몬강 상류 따바찡가 "삼국경 신학교"에서

강광수, 김홍구 선교사 드림

아마존 선교의 초석을 놓은 이는 1987년 제3회 재미총회록에
나타난 남정임 평신도 선교사가 개척자였다.

세계선교대회

1987년 재미총회는 1988년도에 본국교단과 재미총회가 연합으로 고신세계선교대회를 개최키로 결정했다. 1988년에는 한국에 올림픽대회가 개최되었고 미국에서는 한인교회가 연합하여 세계선교협의회 주최로 제2회 세계선교대회가 1992년 시카고의 휘톤대학에서 개최되었다. 세계 각국 처에 흩어진 한인선교사 중 현지사역에 연륜이 있는 300명을 미주 한인교회의 지원을 받아 초청되었다. 그 즈음에는 30명가량의 고신 출신 선교사들이 미국에 오게 된 것이다. 하나님께서 주신 이와 같은 기회를 이용하여 고신선교에 한 점

을 마련키 위해 시카고 맹병헌 목사가 시무하던 새로운 고려교회당에서 제1회 고신세계선교대회가 모이게 된 것이다. 이 대회를 개회 벽두부터 선교사대회 성격으로 할 것과 고신교회에 선교의 열기를 일으키려는 두 의견이 교환되었다. 현수막에 선교사대회로 쓰여진 것은 이 대회를 위해 후원한 뉴져지제일한인교회 박재영 목사, 산호세한인장로교회 신현국 목사, 필라델피아제일장로교회 김만우 목사(각 교회가 3천불씩 그리고 재미총회 교회들이 후원하여 대회가 성사된 것임)가 강하게 방향 제시를 하므로 제1회 고신 선교대회가 성공적으로 마쳐졌다. 제2회는 호주에서 우리의 형제 교단인 대양주 총회가 중심이 되어 1996년에 제2차 고신세계선교대회를 개최했는데 이를 위해 시드니중앙장로교회와 홍관표 대양주 총회장과 대양주총회 교회들의 재정 지원이 대단히 큰 몫을 감당했다.

그 후 제3차를 한국총회가 주동이 되어 1996년에 한국에서 개최되었으나 해외 교회의 협력 없이 독자적으로 총회선교부 중심으로 나아가고 있다.

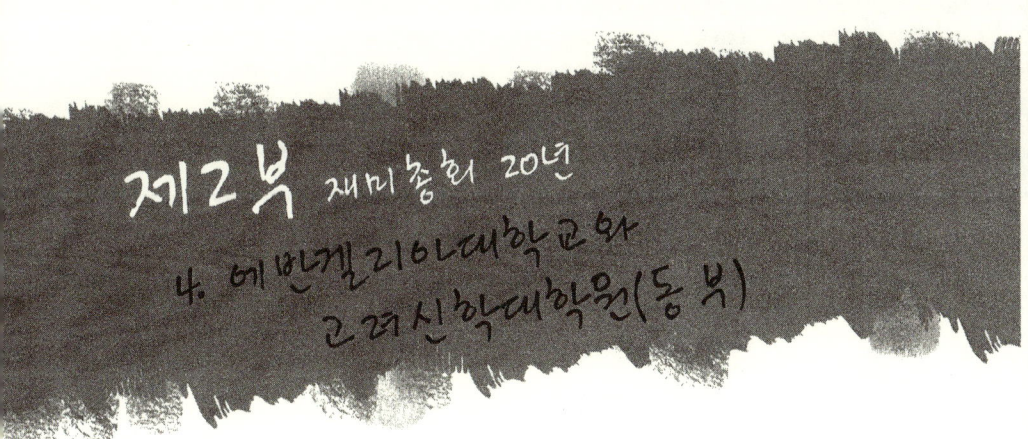

제2부 재미총회 20년

4. 에반겔리아대학교와
고려신학대학원(동부)

   1986년 제2회 총노회에서 재미총회신학교로
재미고려신학교 설립을 결정하고 신학교 설립위
원회를 구성했다(재미총회 10년사 p.101). 설립
위원으로 박재영, 신현국, 김만우, 김진경, 전재
린, 신용호, 김상철, 제씨였다.

   설립 책임자로 이근삼 박사를 초빙키로 하고
장소와 시기는 이근삼 박사와 임원회에 일임키
로 했다(재미총회 10년사 p.102 참조). 제3회 총
노회로 1988년 3월 재미고려신학교를 개교하도
록 결정했다(재미총회 10년사 p.107). 장소는 뉴
져지제일한인교회(담임 박재영 목사)로 결정하
고 개교한 것이 재미고려신학대학원(동부) 학장
이유량 목사(제2대)이다. 이어 신현국 목사가 서

부노회를 토대로 산호세한인장로교회에서 고려신학대학원(서부)가 시작되었고, 가주시찰을 중심하여 가주고려신학대학원(학장 이근삼 박사)이 발전하여 에반겔리아대학교로 발전하였다. 그 현황과 연혁을 다음과 같이 소개한다.

協議合議書

우리들은 1987년 4월 27일(月) 필라에서 회집하여 재미고신대학 설립을 위해 다음과 같이 협의 합의하다.

1. "재미고신대학"은 한국 고신대학의 연장으로 설립추진한다.
1. 우리들은 이를 위해 설립이사로 계속 돕기로 한다.
1. 만불 투자 할 수 있는 人物을 물색하여 설립이사로 추대한다.
1. 미주에 合당한 운영을 위하여 융통성 있는 방안을 수립한다.

GREETINGS FROM THE PRESIDENT

Dear Friend,

Welcome to Evangelia University!

Congratulations on your decision to pursue a study of God's Word! I hope the following pages will help you in deciding to study at Evangelia University.

이근삼 박사
에반겔리아(복음)
대학교 총장

Evangelia is unique in many ways. First, it is a community of professors, administrators, and students who are sacrificially dedicated to the glory of God and the building up of God's people. Second, this spirit of loving sacrifice is due to the rich spiritual heritage of Reformed faith and godly men and women upon whose shoulders we stand. Third, Evangelia has a great vision of training our students bilingually, building up to a full program in Korean as well as in English. Fourth, given our unique location in the multiethnic heart of Southern California, Evangelia has a robust plan not only to train our students to transform the culture for Christ, but to bring students from all ethnic groups to train them to be sent to all nations.

Furthermore, in accordance with the Reformed vision of seeking the sovereignty of God in all areas of life, Evangelia seeks to train and welcome both ordained and non-ordained people to be the salt and light of every field of life.

It is our sincere desire that you will join us in glorifying God and enjoying Him forever!

In Christ,

Dr. Kun Sam Lee
President

EVANGELIA UNIVERSITY(복음대학교)

주소 : 2660 W. WOODLAND DR., ANAHEIM, CA 92801

전화 : 714)527-0691~2, FAX : 714)527-0693

Website : www.evangelia.edu

E-mail : info@evangelia.edu

수여학위 : 문학사(B.A.), 문학석사(M.A.), 목회학석사(M.DIV.)

ESL PROGRAM

이사회 임원

이 사 장 : 전은상 목사

부이사장 : 최학량 목사, 정재훈 장로(서기겸임)

서　　기 : 정재훈 장로

부 서 기 : 장희선 목사

회　　계 : 정환식 장로

부 회 계 : 신정임 권사

학교직원

총　　장 : 이근삼 박사

사무처장 : 박경춘 목사

교무처장 : 이보민 박사

학생처장 : 한기원 목사

교무차장 : 김창년 목사

대학원장 : 원차희 목사

기획실장 : 곽동호 목사

교학과장 : Charley Lee

경리과장 : Grace Chang

학교연혁

〈1995년〉

8월 17일 오전 11시에 204 E. Amerige Ave. Fullerton, CA
92632에 소재한 가주말투스교회 내에서 고려신학대학
원 현판예배를 사회에 강위상 목사, 기도에 최학량 목
사, 성경봉독에 배명환 목사, 설교에 박재영 목사, 경
과보고에 변의남 목사, 인사에 이근삼 학장, 광고에 김
진섭 목사, 축도에 정필흠 목사가 순서를 담당하여 드
리다.

9월 25일 오후 7시 30분에 개교 및 이근삼 학장 취임예배를 강
위상 목사의 사회와 이근삼 학장의 설교로 드리다.

9월 29일 오후 5시에 초대이사장 강위상 목사의 이사장 취임예
배를 총회장 신현국 목사의 사회와 설교로 드리다.

말투스교회 → 로뎀교회 → Norwalk → 현재 캠퍼스

〈1999년〉

9월 27일 가주교육국으로부터 2000년까지 B.A., M.C.E.,
M.Div. 학위수여 허락.

⟨2000년⟩

2월 22일 학교차량구입(Honda Odssey, 7인승)

6월 3일   학위수여식 및 졸업식

12월 4일 캠퍼스 건물 구입결정 및 '70만불 모금 캠페인 결정'

⟨2001년⟩

2월 19일 EU를 위한 국,내와 금식기도일

6월 2일   학위수여식 및 졸업식

8월 10일 건물구입을 위한 ECCU 융자허락($980,000.00)

⟨2002년⟩

6월 1일   학위수여식 및 졸업식

7월 19일 현 캠퍼스 건물 Escrow Closed

10월 5일 현 캠퍼스로 이사완료

11월 18일 캠퍼스 이전 감사예배

⟨2003년⟩

3월 11일 가주교육국으로부터 Doctor of Ministry 과정 인가

3월 24일 가주교육국으로부터 2006년까지 학교인가를 받음

4월 1일   California Graduate School of Theology인수

5월 31일 학위 수여식 및 졸업식

7월 16일 이민국으로부터 SEVIS인가 받음

11월 4일 러시아 복음주의 신학교(교장 : 황상호 선교사, The
          Theological Academy of the Evangelical

Christian Churches of the Russian Federation)와
자매결연식

〈2004년〉

3월 21일 EU 후원자 초청의 밤

4월 2일 가주교육국으로부터 음악학사, 음악석사 인가 받음

5월 29일 학위수여식 및 졸업식

6월 28일-7월 7일 목회학박사 과정 여름 계절학교

〈2005년〉

6월 4일 학위수여 및 졸업식

7월 25일-8월 5일 목회학박사 과정 여름 계절학교

8월   연장승인 인가 기관 TRACS에 Application 제출

10월 10일-11일 개교 10주년 기념 행사

10월 10일 한국 천안대학교와 자매 결연

〈2006년〉

1월 30일 제5대 이사장 전은상 목사 취임

6월 3일 학위수여 및 졸업식

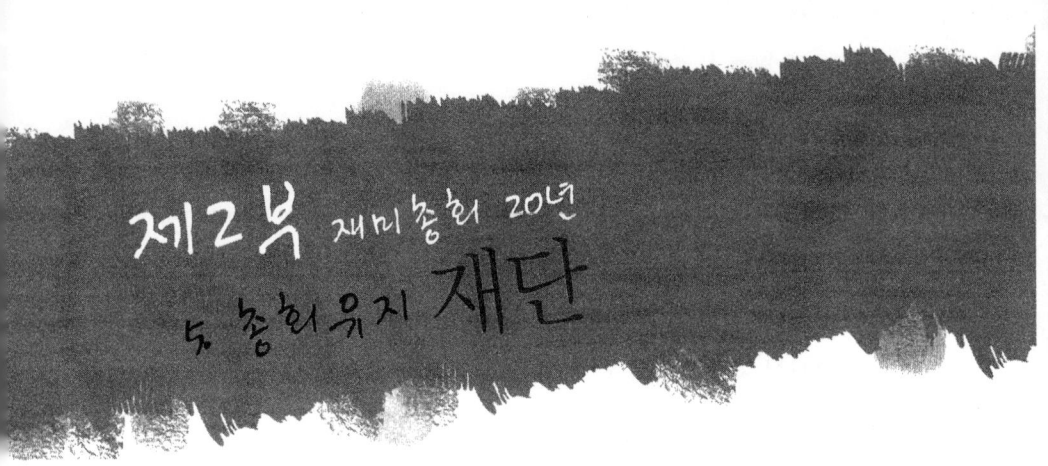

제2부 재미총회 20년

5. 총회유지 재단

초대 교단의 모습은 시대가 변화함에 따라 많이 달라지고 있다. 초기에는 별 문제가 없었던 교단의 모습은 점점 복잡해지고 있다. 지도력에 관한 문제도 그렇고 재산 문제도 그렇다. 교회가 은혜롭기만 하면 문제될 것이 없지만 일단 지교회에 문제가 발생할 때 꼭 교회재산 문제가 따라온다.

이와 같은 문제에 해결의 방편을 제공하려고 총회유지재단을 출범시켰다. 재미총회 헌법 제16장 제120조 1항에 명시된 교회의 재산에 관한 조항은 다음과 같다.

"개체교회, 노회 및 총회 기본 재산 중 부동산은 재미 한인 예수교 장로회 유지재단에 편입 보

박재영 목사
유지재단 총무
증경총회장(초대,10대),
뉴져지 제일한인교회
원로목사

존함을 원칙으로 한다."에 의거하여 법적수속을 하려는 단계에 왔
다. 그러나 인적으로 재정적으로 법적 절차는 완료하지 못한 단계
이다. 총회적으로 제정된 유지재단의 정관과 시행세칙은 다음과 같
다. 그리고 개교회가 공동의회를 통해 유지재단에 가입된 두 교회
를 예로하여 자체교회와 각 기관 부동산은 총회유지재단에 가입하
여 자산이 보존 될 것을 권하고 있다.

Case I - 뉴져지 제일한인교회 가입서류

재미한인 예수교 장로회 총회 유지재단 가입원서

교회명   뉴져지 제일 한인교회
        The First Korean Church of N.J.
교회주소 2681 Kenndy Blvd. Jersey City, N.J. 07306

교회전화 201. 333-2121   FAX 201.333-6050

담임목사   박재영 목사

주 소   83 Highland Ave. Jersey City, N.J. 07306

전화   201. 332-4585

교회기본재산목록
        1. 교회 본당   1동
        2. 선교관 1동 과 관련 파킹장

본교회는 주후 2001년 4월 29일 당회 결정에 의하여 본교회 기본
재산을 총회유지재단에 가입키로 결정하고 당회원들의 서명하여
원서를 제출하나이다.

당회장   서기   Jong W Hyon
당회원   Ky Chul Chung

Case Ⅱ - 유타 제일장로교회 가입서류

유타 제일 장로 교회

The Korean Presbyterian Church of Salt Lake City
2018 E. 2100 S. SLC, UT 84109. Tel/Fax (801) 486-1523

담임목사 권오성 Rev. Oh Seong Kwon, Pastor
1344 Merritt Circle, SLC, UT 84117
Tel (801) 272-4072

2004. 11. 7.

문서분류: 유제04-4호
수신: 총회유지재단장
참조: 총무
제목: 총회유지재단 가입

성삼위 하나님의 은총이 총회와 산하 교회 위에 있기를 원합니다. 본 교회는 이번 건물 구입으로 인해 자체 건물을 소유하게 되었는바 총회의 결의 사항에 따르기 위해 공동의회와 당회의 의결에 의거 총회 유지 재단에 가입을 원하오니 아래와 같이 허락해주시기 바랍니다.

-------- 아   래 --------

교회명 : 유타제일장로교회 2018 E. 2100 S. SLC, UT 84109. Tel/Fax (801) 486-1523
담임목사 : 권오성 목사 (서부 노회)
            1344 Merritt Circle, SLC, UT 84117 Tel (801) 272-4072

교회 기본 재산 목록
  1. 교회 건물 (본당, 지하 교육관, 주방, 친교실, 딸린 건물 일체) 1동
  2. 파킹장

본 교회는 주호 2004년 5월 2일 임시공동의회와 11월 7일의 당회 결의에 의하여 본 교회 기본 재산을 총회 유지 재단에 가입키로 결정하고 당회원들의 서명하여 원서를 제출하나이다.

당회장 권오성 목사

당회 서기 오행일 장로

당회원 및 건축 위원장 지영남 장로

당회원 한형근 장로

첨부 : 공동의회록 사본 1부, 당회록 사본 1부, 건물 매매증명서 1부

〈◀뉴져지 제일한인교회, ▲유타 제일장로교회, ▼에반겔리아대학교의 예〉

Case Ⅲ – 에반겔리아대학교 이사장 인사말씀

인사의 말씀

하나님의 섭리와 거룩하신 뜻 가운데, 학교법인과 여러분들의 간청과 성원에 의하여 에반겔리아 대학교 이사장직을 맡게 되어 하나님 앞에서 이 책임을 바르게 또 잘 수행할 수 있을까 생각 할 때에 마음이 무겁고 황송하면서도 하나님이 맡겨주신 줄 믿고 충성하겠습니다.

이사장 취임식에 총회장님, 여러 목사님들과 이사님들 그리고 많은 성도님들이 왕림하셔서 축하, 격려해 주심에 대하여 진심으로 감사를 드립니다.

에반겔리아 대학교는 하나님이 주시는 시대적 사명을 가지고 복음을 땅끝까지 전하는 하나님의 종들을 많이 양성하여 세계 다민족 선교에 힘쓰고 또 한편 사회 각 분야에서 복음적 사명을 다하는 평신도 선교사의 일을 감당케 하고자 하고 있습니다.

저는 이사장직을 맡으면서 다음과 같은 사실을 확인하였습니다.
1. 에반겔리아 대학교는 재미고신 총회 산하에 있는 기독교 대학이다.
2. 총장은 이사회의 추천을 받아 총회의 인준을 받아 취임한다.
3. 총회가 파송하는 이사 2명을 받아야 한다.

4. 신학대학원은 '고신 신학대학원'(Kosin School of Theology, 이하 '고신신대원')이라 칭한다. 졸업생은 총회에서 강도사 고시에 응할 자격이 있다.
5. 대학의 모든 재산은 총회 유지재단에 속한다(재산 처분은 총회의 허락을 받아야 한다).

이상의 총회와의 관계는 확실히 수행하겠습니다.

앞으로 모든 힘을 모아서 이 대학교의 발전을 위해서 기도하며 노력할 것을 다짐합니다.

여러 이사님들, 모든 교회 목사님들과 장로님들 그리고 뜻있는 많은 성도님들의 기도와 편달과 목적있는 후원을 기원합니다.

변하는 세상 풍조와 변질되어가는 교회들의 교리와 신앙을 우리가 받은 성경적 관점에서 볼 때 낙심되는 일이 많으나 다시 한 번 "하나님 앞에서" 우리가 받은 사명과 신념을 가지고 올바른 후배 양성에 마음을 쏟고 뜻을 모아 충성하므로 하나님의 뜻을 이루어 드리고자 합니다.

여러분들의 기도와 성원을 다시 한 번 부탁드립니다.
할렐루야! 아멘!

주후 2006년 2월 1일
에반겔리아 대학교 이사장
전은상 목사 배상

재미 한인 예수교 장로회 총회 유지재단 정관

제1장 총 칙

제 1조(명칭) 본 법인은 재단법인 재미 한인 예수교 장로회 총회 유지재단이라 칭한다.

제 2조(소재지) 본 법인의 본부는 총회 비영리 종교단체 법인 주소에 두고 필요한 곳에 지부를 둘 수 있다.

제 3조(목적) 본 법인은 재미 한인 예수교 장로회 헌법에 입각하여 총회산하 재산을 보호하며 육영 사업과 의료구호사업 및 사회산업을 통하여 복음 전파함을 목적으로 한다.

제 4조(사업) 전조의 목적을 달성하기 위하여 다음 각 호의 사업을 시행한다.

   1. 육영사업(신학교, 성경학교, 유치원, 유아원 경영)

   2. 의료구호사업(병원, 진료소 경영)

   3. 사회산업(양로원, 고아원, 부랑인 보호소, 복지원)

   4. 출판 및 인쇄사업

제2장 임 원

제 5조(임원) 본 법인에 다음의 임원을 둔다

   1. 이사장 1인

2. 이　사 8인

3. 감　사 2인

제 6조(선출)

1. 임원은 이사회에서 선출하되, 이사장은 재미총회 총회 총회장
   이 겸임한다.

2. 전항의 임원은 그 취임에 관하여 지체없이 법인주관관청에 보
   고한다.

3. 임기 만료 전에 임원에 결원이 생긴 경우 궐위일로부터 3개월
   이내에 선출하여야 한다.

제 7조(임기) 이사장의 임기는 2년, 이사의 임기는 4년, 감사의 임
   기는 2년으로 한다. 다만, 보선된 임원의 임기는 전임자의
   잔여기간으로 한다.

제 8조(이사장) 이사장은 본 법인을 대표하여 법인의 업무를 통할
   한다.

제 9조(직무대행) 이사장이 사고가 있을 때에는 이사장 또는 이사
   회에서 지명한 이사가 그 직무를 대행한다.

제 10조(이사) 이사는 이사회를 통하여 법인의 업무에 관한 사항을
   심의 결정하며 이사회 의결 또는 이사장으로부터 위임받은
   사항을 처리한다.

제 11조(감사) 감사는 다음의 직무를 행한다.

1. 법인의 재정 기타 운영에 관한 사항을 감사하는 일

2. 감사결과 부정 또는 불미한 점이 있을 때 이를 이사회에 그 시
   정을 요구하고 총회에 보고하는 일

3. 전항의 보고를 하기 위하여 필요할 때는 이사회의 소집을 요구

하는 일

4. 법인의 재산사항 또는 이사회의 운영과 그 업무에 관한 사항에
   대하여 이사장 또는 이사에게 의견을 진술하는 일

제 3장 이사회

제 12조(구성) 이사회는 총회 유지재단에 가입한 교회대표들이 선
   출된 이사들로 구성한다.

제 13조(소집)

1. 이사회는 정기 이사회와 임시 이사회로 한다.

2. 정기 이사회는 년 1회 이사장이 그 의장이 된다.

3. 임시 이사회는 이사장이 필요하다고 인정 할 때나 재적이사 3
   인 이상의 요구가 있을 때에 이사장이 소집하고 그 의장이 된
   다.

4. 이사회를 소집하고자 할 때에는 적어도 회의 7일전에 회의목
   적을 각 이사에게 통지하여야 한다.

5. 이사장은 다음 사항에 해당되는 소집요구가 있을 때에는 그 소
   집 요구 일로부터 20일 이내에 이사회를 소집하여야 한다.

   ① 재적이사 과반수로부터 회의의 목적을 제시하여 소집을 요
      구한 때.

   ② 제11조 제3항의 규정에 의하여 감사가 소집을 요구한 때.

6. 이사회 소집권자가 궐위되거나 또는 이를 기피하므로서 7일
   이상 이사회 소집이 불가능 할 때는 재적이사 3분의 2이상의
   찬성으로 소집할 수 있다.

7. 전항에 의한 이사회는 출석 이사 중 연장자의 사회아래 그 의 장을 지명한다.

제 14조(부의사항) 이사회에 부의할 사항은 다음과 같다.

1. 사업계획에 관한 사항

2. 예산 및 결산, 차입금에 관한 사항

3. 정관의 변경에 관한 사항

4. 재산의 관리 처분에 관한 사항

5. 법인의 해산에 관한 사항

6. 임원의 선출 및 해임에 관한 사항

7. 정관에 의하여 그 권한에 속하는 사항 및 총회로부터 위임받은 사항

제 15조(의결 정족수)

1. 이사회는 재적구성원 과반수이상의 출석으로 개최하고, 출석한 자의 3분의 2이상의 찬성으로 의결하며 의장이 투표하지 않았을 때 가부동수인 경우에는 의장이 결정한다.

2. 감사는 이사회에 출석하여 의견을 진술할 수 있다.

3. 이사장 또는 이사가 다음 사항 중 하나에 해당할 때에는 그 의결에 출석하지 못한다.

① 임원취임 및 해임에 있어 자신에 관한 사항.

② 금전, 및 재산의 수수를 수반하는 사업으로서 임원자신이 법인과 이해가 상반되는 사항

제 4장 재산 및 회계

제 16조(재산의 구분)

1. 본 법인의 재산은 기본재산과 보통재산으로 구분한다.

2. 기본재산은 설립시의 재산과 이사회에서 기본재산으로 정한 재산으로 한다.

3. 보통재산은 기본재산 이외의 재산으로 한다.

제 17조(재산의 관리)

1. 기본재산을 임대, 매도, 기타 사건을 설정하거나 처분하고자 할 때에는 미리 이사회의 승인을 받아야 한다.

2. 기본재산은 그 목록을 작성하여 총회에 보고한다.

3. 법인의 세입세출 예산은 매 회계연도 개시 1개월 전까지 편성하여 이사회의 의결을 거쳐 정한다.

4. 임원의 보수는 사업운영을 전담하는 이사를 제외하고는 지급하지 아니함을 원칙으로 한다.

5. 익년도 사업계획서 및 예산서와 당해연도의 사업실적서 및 수지결산서는 감사결과 보고서를 첨부하여 회계연도 종료 후 2개월 내에 총회에 제출하여야 한다.

제 18조(경비) 본 법인의 경비는 총회에서 부담하는 부담금 및 기본재산에서 나오는 기타 수입으로 이에 충당한다.

제 19조(회계년도) 본 법인의 회계연도는 총회의 회계연도에 준한다.

제 20조(회계감사) 감사는 회계감사를 년 1회이상 실시하여야 한다.

제 5장 총무처

제 21조(설치) 이사장의 지시를 받아 본 법인의 업무를 처리하기 위
하여 총무처를 둔다.

제 22조(직원) 총무처에 처장 1인과 직원 약간인을 둘 수 있다.

제 23조(직원의 임명)

1. 총무처장은 이사회의 동의를 얻어 이사장이 임명한다.
2. 총무처장은 이사장의 지시를 받아 법인의 업무를 처리한다.
3. 총무처 직원은 이사장이 임명한다.
4. 총무처 직원은 총무처장의 지시를 받아 총무처의 업무를 처리
한다.

제 6장 보 칙

제 24조(법인해산) 본 법인을 해산하고자 할 때에는 이사회에서 재
적이사 3분의 2이상의 찬성으로 의결하고 총회의 동의를
얻어 해산하고, 그 해산에 관하여 비영리 종교단체 법에 의
하여 처리 되어야 한다.

제 25조(잔여재산의 귀속) 본 법인을 해산할 때에 그 잔여재산은 이
사회의 의결을 거쳐 총회 또는 본 법인과 유사한 법인이나
단체에 기증한다.

제 26조(정관의 변경) 정관을 변경하고자 할 때에는 이사회에서 재
적이사 3분의 2이상의 찬성으로 의결하고 총회의 허가를
받아야 한다.

제 27조(규칙) 다음 각 호의 사항에 대하여는 이사회의 의결을 거쳐
　　　　본 법인의 규칙으로 정한다.
　1. 지부의 조직과 운영에 관한 사항
　2. 총무처의 조직과 운영에 관한 사항
　3. 회의 소집과 운영에 관한 사항
　4. 기타 본 법인의 운영에 관한 사항

부　칙

1. (시행일) 이 정관은 등기일로부터 시행한다.
2. (경과조치) 본 법인의 초대임원 기타 설립에 필요한 사항은 본
　법인의 창립 이사회에서 선출 또는 정한다.

부　칙

1. (시행일) 이 정관은 재미총회의 허가일로부터 시행한다.

위와 같이 재단법인 재미 한인 예수교 장로회 총회 유지재단 정관
을 작성함.

　　　　　　　　　　　　주후 2001년 6월 11일
　　　　　　　　　　　　초안자 서명 ＿＿＿＿＿＿＿

재미한인 예수교장로회 총회 유지재단
시행세칙

제 1장 총 칙

제 1조(목적) 이 시행 세칙은 재단법인 재미한인 예수교장로회 총회
유지재단(이하 본 재단이라 칭함) 정관의 시행에 필요한 사항
을 규정함을 목적으로 한다. 다만, 재미한인예수교 헌법, 총
회규칙을 준수함을 원칙으로 한다.

제 2조(사업)

1. 본 재단 정관 제 4조에 명시한 사업을 시행하기 위하여 수익사
업을 할 수 있으며 수익사업에 대한 제반사항은 이사회 및 총
회의 결의에 의하여 시행한다.
2. 수익사업을 위하여 필요한 사항은 이사회의 의결을 거쳐 이사
장이 규칙으로 정한다.

제 2장 이사회

제 3조(정기이사회) 이사회는 매년 1회 정기 이사회를 가진다. 단,
필요시에는 임시회를 가질 수 있으며 임시회 소집은 정관 제
3장 13조 3항에 의한다.

제 3장 재 산

제 4조(재단 소속교회) 교회에 속한 모든 부동산의 소유는 본 재단
　　에 속하며 본 재단은 교회로부터 교회에 속한 모든 부동산을
　　증여받아서 그 등록을 필하여야 한다. 교회재산이 본 재단에
　　편입 등록되지 아니한 모든 교회는 본 재단에 소속되지 못한
　　다. 부득이한 사유가 있을 시는 각서를 받아 소속을 할 수 있
　　다. 다만, 이사장의 확인을 받는다.

제 5조(재산관리) 교회의 모든 부동산의 관리는 본 재단이 관계교
　　회 당회에 위촉 관리케 하며 교회분규로 인하여 교회재산의
　　소유권 및 관리권 다툼이 발생한 때에는 교단을 이탈한 측에
　　서는 일체의 권리를 주장할 수 없다.

제 6조(재단편입절차)

　1. 교회에 속한 부동산을 본 재단에 편입하고자 할 때에는 서면, 또
　　는 전화로 재단 총무처에 재단 편입신청서를 요구하고 재단 편
　　입신청서를 받아 공동의회를 거친 후 재단 편입신청서에 기재된
　　구비서류를 첨부하여 재단 총무처에 재단 편입신청을 한다.

　2. 재단 총무처에서는 해교회로부터 재단편입신청서가 접수되면
　　(미비서류가 없을 경우) 해교회에 소유권 이전에 필요한 일체
　　의 서류를 송부하며, 해교회는 이전등록을 필한 후 등록권리증
　　과 등본을 첨부하여 본 재단에 등기 보고한다.

　3. 해교회로부터 재단편입등기 보고서류가 접수되면 즉시 비영리
　　종교법인 기본재산 취득보고를 하고 해교회에는 재단등록패를
　　송부한다.

제 7조(등록서류보관) 재단편입된 해교회의 등록권리증은 총무처에
　　보관하며, 열람 및 부본 신청은 신청서에 의하여 처리한다.

제 8조(등록권리증반환) 본 재단에 보관된 해교회의 등기권리증은
　　소유권이 이전되거나 설정등기 또는 등기시 권리증이 필요
　　한 경우를 제외하고는 반환하지 않는다.

제 9조(기본재산 매각처리)

　1. 본 재단이 소유한 부동산을 처분전환(교환)할 경우에는 다음의
　　서류를 제출하여야 한다.

　　1) 기본재산 전환 인가 신청서 1부

　　2) 당회, 공동의회 회의록 1부

　　3) 전환사유서(계획포함) 1부

　　4) 전환수지예산서 1부

제 10조(매매계약 및 매도대금 관리) 제 9조에 의하여 처분되는 재
　　산의 매매계약은 계약자 명의가 재단 명의로 체결되어야 하
　　며, 계약금, 매도대금은 재단명의로 예치하고 매수자에게
　　교부되는 영수증은 재단명의로 교부한다. 다만 재단명의가
　　아닌 계약행위, 재단명의가 아닌 매도대금 영수증에 의하여
　　주장되는 소유권은 인정되지 않으며 이로 인하여 파생되는
　　민.형사상의 책임을 본 재단은 지지 않는다.

제 11조(재산처리 조세부담) 제4조, 제7조, 제8조에 의하여 편입 및
　　처분되는 재산에 대하여 부동산 이동으로 인하여 과세대상
　　이 되는 부동산에 세법에 기준한 조세부담금은 해교회에서
　　부담한다.

제 12조(매도대금의 사용관리) 제9조에 의하여 발생한 재단명의로

예치된 매도대금은 해교회의 사업계획서에 표시한 목적대로 사용하여야 하며 목적이외의 사용으로 발생되는 민.형사상의 책임은 그 당해자가 책임진다.

제 13조(토지사용 승낙) 제4조에 의하여 재단편입된 토지에 대하여 해교회가 건축하고자 할 때에는 내부결재를 득하여 토지사용결재를 해줄 수가 있다.

제 14조(서명 〈결재〉 확인원) 제4조에 의하여 재단편입된 해 교회의 재산 중 건축 및 제반업무로 여러번 반복하여 재단결재를 서명하여야 할 경우에는 내부결재를 득하여 서명확인원을 해 줄 수 있다.

제 15조(담보제공인가)

1. 재단편입된 해 교회의 부동산을 담보로 하고자 할 때는 다음의 서류를 구비하여 신청하여야 한다.
    ① 기본재산 담보제공 인가 신청서 1부
    ② 당회록(미조직 교회는 제직회의록) 1부
    ③ 기채사유서 및 사용계획서 1부
    ④ 상환계획서 1부
    ⑤ 부동산 등비부 등본 1부
    ⑥ 기채계약서(은행과 계약) 1부
    ⑦ 대출받은 금액 사용근거 서류 1부

2. 1항의 신청서류를 이사회에서 심의하여 서류상의 하자가 없는 한 승인한다.

3. 해 교회의 부동산을 담보제공으로 인하여 받은 개체에 대한 모든 채무는 해 교회에서 책임진다.

제 16조(건물건축관리)

본 재단에 속한 모든 교회 및 관계기관의 건축은 건축주를 본 재단명의로 한다.

1. 건축법에 의한 건축허가 사항대로 건축할 것이며 만약 위반할 경우에는 이로 인한 민사 및 형사상의 책임은 당해교회 및 기관에서 진다.

2. 건축비용은 일체 해 교회 및 기관에서 책임진다.

3. 건축으로 발생되는 공과금은 해 교회 및 기관에서 책임진다.

4. 신축한 건물은 준공과 동시에 본 재단에 편입을 완료한다.

제 17조(재단법인 소유 부동산 〈개체교회〉 관리)

본 재단 소유 부동산을 개체교회에서 관리중에 민사소송 사건은 다음 각호에 의하여 처리한다.

1. 법인명의로 민사소송 사건을 제기하거나 민사소송에 응소할 경우에는 본 재단에 "소송대리위임신청서"를 당해 소송 물건지의 교회 담임목사와 재정부장 또는 교회가 지정한자 명의로 소송 대리 위임신청서를 제출하여 재단의 허락을 받아 제소 또는 응소하여야 한다.

2. 첨부서류

   1) 소송물건의 부동산 확인서

   2) 소송할 사유서

   3) 소송 비용 충당계획서

   4) 소송 제기 당회결의서(미조직교회는 제직회 결의서)

   5) 기타 소송에 필요한 서류

3. 소송으로 발생되는 비용 전액을 당해 개체교회 및 기관에서 부

담한다.

제 18조(재정)

1. 본 재단 총무처에 필요한 경비는 이사회의 의결을 거쳐 총회에 청원하여 배정받아 사용한다.

2. 본 재단에서 직접 운영 및 사용하는 건물운영, 관리에 따른 예.결산은 재단이사회의 의결을 거쳐 시행한다.

제 19조(이사회 부의사항)

교회 재산으로서 긴급을 요하는 사항은 본 재단 정관 제 3장 14조 4항에 의하여 이사회의 의결을 거쳐야 할 사항이나 이사회의 일정까지 지연하기가 곤란하다고 사료되는 재산문제는 내부결재를 득한 후 처리하고 다음 이사회에 보고할 수 있다.

제 4장 총무처

제 20조(부서조직 및 직원임면)

1. 이사장의 지시를 받아 재단의 업무를 처리하기 위하여 총무처를 둘 수 있다.

2. 본 재단의 업무능률화를 위하여 기획관리실을 둘 수 있다.

3. 총무처에 처장 1인 기획관리실장 1인 및 직원 약간인을 둘 수 있다.

4. 총무처장 등 직원은 필요할 경우 이사장이 이사회의 동의를 얻어 임면 한다.

제 21조(변경)

이 시행세칙을 변경하고자 할 시는 이사회의 재적이사 2/3 이상의 찬성으로 변경한다.

2001년 8월 공동의회

일 시: 2001년 8월12일 주일 12시 15분

장 소: 본교회 본당

개회예배: 찬송가 350장 부른후 성경봉독 고전 1:10 봉독과 말씀 후 박재영목사의
기도로 경건회를 마치다.

개회선언: 84명 참석으로 회장 박재영 목사가 개회를 선언하다

안 건: 유지재단, 원로목사, 후임자
　　1) 유지재단(사회자:박재영목사)
　　　당회서 서명한 유지재단을 기초하여 준비위원회서 결정된 사항대로 가
　　　부를 결정하기로 김봉재집사가 동의 하다
　　　한기영 집사가 재청하다
　　　(투표결과-총 84표중 가표 60표, 부표 24표, 3/2표인 56표보다 많으므로
　　　통과된 것으로 결정하다.)

　　2) 원로목사 추대 및 예우건 (사회자: 김은태 목사)
　　　준비위원회서 합의된 사항대로 찬반을 물되 기립박수로 가부를 물기를
　　　변종원 장로가 동의하고 많은 성도가 재청하다.
　　　이에 절대다수의 찬성으로 박재영목사를 원로목사로 추대하기로 하다.

　　3) 후임목사 추대건 (사회자 박재영목사) 동의 재청자; 박재영목사
　　　당회와 준비위원회서 추대된 김은태목사님을 후임목사로 찬반을 물은
　　　결과 84명 전원 일치로 후임 위임목사로 김은태 목사로 하기로 하다

폐 회: 이상 회무를 마치고 폐회하니 1시 30분이였더라

공동의회 회장당회장: 박 재 영
서 기: 변 종 원

임시 공동 의회 순서

주후 2004년 5월 2일
사회 : 공동의회장 권오성 목사

제1부 예배

찬송	460장	다같이
기도		한형근 장로
성경봉독	계 21:1	공동의회장
설교		공동의회장
통성기도		다같이

제2부 공동의회

회원호명		공동의회서기
개회선언		공동의회장
전회의록 낭독		공동의회서기
안건	교회 건물 구입, 교회 유지 재단 가입	건축위원장, 공동의회장
폐회	주기도문	다같이

공동의회의록

년 월 일	2004년 5월 21일 오후 시 · 분				
장 소	대예배실	찬 송	460장	기 도	한형근
성 경	계21:1	설 교	목사님	제 목	

재적   명 중   명이 참석하였으므로 개회성수가 되어 회장은 본회가 성회됨을 선포하며 아래와 같이 안건을 토의하며 결의한다.

결 의 사 항

1. 회원호명 – 서기가 확인 계산
2. 개회설교 공동의회장
3. 전회의록 낭독 –서기(시간관계상 생략)
4. 안건 : 교회 건물 구입, 교회 유지 재단 가입 – 건축위원장, 공동회의장
5. 무기명 투표
6. 폐회 – 주기도문 다같이

안건 처리를 다 끝내고 서기가 회의록을 낭독하고 이대로 받기로 하며 폐회하자는 결의에 따라   의 기도로 회장이 폐회됨을 선언하다. 폐회시간은   시 분이었다.

19   년   월   일   서기

회장

당 회 의 록

연월일	2004년 11월 7일 오후 12시 40분				
장 소	당회장실	찬 송		기 도	지영남
성 경	시편 32:8	설 교	목사님	제 목	

재적 명 중   명이 참석하였으므로 개회성수가 되어 회장은 본회가 성회됨을 선포하며 아래와 같이 안건을 토의하며 결의한다.

결 의 사 항

1. 제직훈련

  a. 11/19~11/21   b. 강사목사 : 박은조목사

  c. 3번 교육 중 2번 이상 참석자에 한하여 임명

  d. 타지방 출장, 병고로 인하여 참석치 못한 분

    ㄱ. 테입, 교재 공부 후 인정 임명

2. 제직 훈련 참석 인원 추천

  a. 전년도 임원은 자동

  b. 추가로 김은희, 김철웅, 박태홍, 박기정, 윤덕영, 엄정미, 최은희, 최미영

3. 예결산 위원회

  1. 당회원 전원과

    ㄱ. 재정 : 박성자, 이율란

  2. 소집

    ㄱ. 11월 13일 오전 11시

4. 지영남 장로 은퇴

  a. 11월 21일까지 보류 13일 결정(가결, 부결)

5. 지난 5월 2일 총회 유지 재단 가입건 재확인 결의

안건 처리를 다 끝내고 서기가 회의록을 낭독하고 이대로 받기로 하며 폐회하자는 결의에 따라   의 기도로 회장이 폐회됨을 선언하다. 폐회시간은   시 분이었다.

2004년 11월 7일

서기

회장

Form Approved OMB No. 2502-0265

A.

U.S. DEPARTMENT OF HOUSING AND URBAN DEVELOPMENT
SETTLEMENT STATEMENT

United Title Services
4001 South 700 East, Suite 300

Salt Lake City, UT 84107
(801) 924-5330

FINAL

B. TYPE OF LOAN

1. ☐ FHA 2. ☐ FMHA 3. ☐ CONV. UNINS.
4. ☐ VA 5. ☐ CONV. INS.

6. ESCROW FILE NUMBER: 7. LOAN NUMBER:
00191515-001 CC

8. MORTGAGE INSURANCE CASE NUMBER:

C. NOTE: This form is furnished to give you a statement of actual settlement costs. Amounts paid to and by the settlement agent are shown. Items marked "(P.O.C.)" were paid outside the closing; they are shown here for informational purposes and are not included in the totals.

D. NAME OF BORROWER: See attached exhibit

ADDRESS OF BORROWER: 5929 SOUTH 900 EAST
SALT LAKE CITY, UT 84121

E. NAME OF SELLER: FIRST CHURCH OF THE NAZARENE

ADDRESS OF SELLER:

F. NAME OF LENDER:

ADDRESS OF LENDER:

G. PROPERTY LOCATION: 2018 EAST 2100 SOUTH
SALT LAKE CITY, UT 84109
Salt Lake County 16-22-105-001

H. SETTLEMENT AGENT: United Title Services

PLACE OF SETTLEMENT: 4001 South 700 East, Suite 300, Salt Lake City, UT 84107

I. SETTLEMENT DATE: 5/25/2004 **PRORATION DATE:** 5/25/2004 **DISBURSEMENT DATE:** 5/25/2004

J. SUMMARY OF BORROWER'S TRANSACTION		K. SUMMARY OF SELLER'S TRANSACTION	
100. GROSS AMOUNT DUE FROM BORROWER:		**400. GROSS AMOUNT DUE TO SELLER:**	
101. Contract Sales Price	775,000.00	401. Contract Sales Price	
102. Personal Property		402. Personal Property	
103. Settlement charges to Borrower (line 1400)	1,785.00	403.	
104.		404.	
105.		405.	
ADJUSTMENTS FOR ITEMS PAID BY SELLER IN ADVANCE:		**ADJUSTMENTS FOR ITEMS PAID BY SELLER IN ADVANCE:**	
106. City/Town Taxes		406. City/Town Taxes	
107. County Taxes		407. County Taxes	
108. Assessments		408. Assessments	
109. MAY INT. 05/25/04 to 06/01/04	551.37	409.	
110.		410.	
111.		411.	
112.		412.	
113.		413.	
114.		414.	
115.		415.	
120. GROSS AMOUNT DUE FROM BORROWER:	777,336.37	**420. GROSS AMOUNT DUE TO SELLER:**	
200. AMOUNTS PAID BY OR IN BEHALF OF BORROWER:		**500. REDUCTIONS IN AMOUNT DUE TO SELLER:**	
201. Deposit or earnest money	10,000.00	501. Excess deposit (see instructions)	
202. Principal amount of new loan(s)		502. Settlement charges to Seller (line 1400)	
203. Existing loan(s) taken subject to		503. Existing loan(s) taken subject to	
204.		504. Payoff of first mortgage loan	
205.		505. Payoff of second mortgage loan	
206. NOTE & TRUST DEED	575,000.00	506.	
207.		507.	
208.		508.	
209.		509.	
ADJUSTMENTS FOR ITEMS UNPAID BY SELLER:		**ADJUSTMENTS FOR ITEMS UNPAID BY SELLER:**	
210. City/Town Taxes		510. City/Town Taxes	
211. County Taxes		511. County Taxes	
212. Assessments		512. Assessments	
213.		513.	
214.		514.	
215.		515.	
216.		516.	
217.		517.	
218.		518.	
219.		519.	
220. TOTAL PAID BY/FOR BORROWER:	585,000.00	**520. TOTAL REDUCTIONS IN AMOUNT DUE SELLER:**	
300. CASH AT SETTLEMENT FROM/TO BORROWER:		**600. CASH AT SETTLEMENT TO/FROM SELLER:**	
301. Gross amount due from Borrower (line 120)	777,336.37	601. Gross amount due to Seller (line 420)	
302. Less amount paid by/for Borrower (line 220)	585,000.00	602. Less reduction in amount due Seller (line 520)	
303. CASH (☒ FROM) (☐ TO) BORROWER:	192,336.37	603. CASH (☐ FROM) (☐ TO) SELLER:	

700. TOTAL SALES/BROKER'S COMMISSION			PAID FROM BORROWER'S FUNDS AT SETTLEMENT	PAID FROM SELLER'S FUNDS AT SETTLEMENT
BASED ON PRICE$ 775,000.00 @ %=				
DIVISION OF COMMISSION (LINE 700) AS FOLLOWS:				
701. $ to REALY EXECUTIVES OF UTAH				
702. $ to CENTURY 21 ELITE				
703. Commission paid at settlement				
704.				
800. ITEMS PAYABLE IN CONNECTION WITH LOAN				
801. Loan Origination Fee %				
802. Loan Discount Fee %				
803. Appraisal Fee				
804. Credit Report				
805. Lenders Inspection Fee				
806. Mortgage Insurance Application Fee				
807. Assumption Fee				
808.				
809.				
810.				
811.				
900. ITEMS REQUIRED BY LENDER TO BE PAID IN ADVANCE				
901. Interest From to @ $ /day % (days)				
902. Mortgage Insurance Premium for Month(s) to				
903. Hazard Insurance Premium for Years(s) to				
904.				
905.				
1000. RESERVES DEPOSITED WITH LENDER				
1001. Hazard Insurance months @ $ per month				
1002. Mortgage Insurance months @ $ per month				
1003. City Property Taxes months @ $ per month				
1004. County Property Taxes months @ $ per month				
1005. Annual Assessments months @ $ per month				
1006. months @ $ per month				
1007. months @ $ per month				
1008. months @ $ per month				
1100. TITLE CHARGES				
1101. Settlement or closing fee to United Title Services			300.00	
1102. Abstract or title search				
1103. Title examination				
1104. Title insurance binder				
1105. Document preparation to United Title Services			50.00	
1106. Notary fees				
1107. Attorney's Fees				
(includes above items numbers:)				
1108. Title Insurance to United Title Services			1,380.00	
(includes above items numbers:)				
1109. Lenders coverage $				
1110. Owner's coverage $ 775,000.00				
1111.				
1112.				
1113.				
1200. GOVERNMENT RECORDING AND TRANSFER CHARGES		P.O.C.		
1201. Recording Fees: Deed $ 20.00 Mortgage $ 35.00 Release $			55.00	
1202. City/County tax/stamps Deed $ Mortgage $				
1203. State tax/stamps Deed $ Mortgage $				
1204.				
1205.				
1300. ADDITIONAL SETTLEMENT CHARGES		P.O.C.		
1301. Survey				
1302. Pest Inspection				
1303.				
1304.				
1305.				
1306.				
1307. **See attached for breakdown				
1400. TOTAL SETTLEMENT CHARGES (Enter on line 103,Section J - and - line 502, Section K)			1,785.00	

I have carefully reviewed the HUD-1 Settlement Statement and to the best of my knowledge and belief, it is a true and accurate statement of all receipts and disbursements made on my account or by me in this transaction. I further certify that I have received a copy of the HUD-1 Settlement Statement.

See attached exhibit

_____   _____

                Borrowers

The HUD-1 Settlement Statement which I have prepared is a true and accurate account of this transaction. I have caused or will cause the funds to be disbursed in accordance with this statement.

_____ **Settlement Agent**   _____ Date
United Title Services

WARNING: It is a crime to knowingly make false statements to the United States on this or any similar form. Penalties upon conviction can include a fine and imprisonment. For details see: Title 18 U.S. Code Section 1001 and Section 1010.

Escrow Number: 00191515-001 CC

HUD Line D: (Name of Borrower)   KOREAN PRESBYTERIAN CHURCH OF SALT LAKE CITY
5929 SOUTH 900 EAST, SALT LAKE CITY, UT 84121

KOREAN PRESBYTERIAN CHURCH OF SALT LAKE CITY

KOREAN PRESBYTERIAN CHURCH OF SALT LAKE CITY

KOREAN PRESBYTERIAN CHURCH OF SALT LAKE CITY

HUD Line E: (Name of Seller)   FIRST CHURCH OF THE NAZARENE

I have carefully reviewed the HUD-1 Settlement Statement and to the best of my knowledge and belief, it is a true and accurate statement of all receipts and disbursements made on my account or by me in this transaction. I further certify that I have received a copy of the HUD-1 Settlement Statement.

Borrower's Signatures:

KOREAN PRESBYTERIAN CHURCH OF SALT LAKE CITY

BY: OH SEONG KWON, PRESIDENT

KOREAN PRESBYTERIAN CHURCH OF SALT LAKE CITY

HAENGIL OH, DIRECTOR

KOREAN PRESBYTERIAN CHURCH OF SALT LAKE CITY

DANIEL Y. CHI, DIRECTOR

KOREAN PRESBYTERIAN CHURCH OF SALT LAKE CITY

HYONG KUN HAN, DIRECTOR

CORPORATE RESOLUTION
AND AUTHORIZED SIGNATURES

The undersigned being the directors of Korean Presbyterian Church of Salt Lake City, do hereby certify that the following resolution was duly adopted by the Board of Directors of Korean Presbyterian Church of Salt Lake City at a meeting of the members thereof, called an held in accordance with the requirements of the charter and bylaws of the Corporation, on may 25th, 2004, that such resolution has not been modified, repealed or rescinded and is in full force and effect as of the date of this certification.

RESOLVED, that SEONG KWON OH, HAENGIL OH, DANIEL Y. CHI, HYONG KUN HAN being the Board of Directors of Korean Presbyterian Church of Salt Lake be hereby are authorized and empowered in the name of and on behalf of this corporation, to sign any and all documents for the purchase and financing of the property at 2018 East 2100 South, Salt Lake City, UTAH.

Any person among those who appear as the Board of Directors

of the Corporation on the document for this legal contract will completely and automatically lose his/her right or privilege without his/her consent, when he/she leaves this Corporation, currently called Korean Presbyterian Church of Salt Lake City, he/she belongs to as member, or when he/she forfeit his/her church membership in whatever circumstances that might occur in the future. When any person loses his/her church membership, he/she will be free of any legal or financial responsibility or duty. Thus the above-mentioned Corporation also cannot claim any legal or financial issue onto the person, when he/she loses his/her church membership in the future.

IN WITNESS WHEREOF, the undersigned has executed this Certificate and impress the seal of the Corporation thereon on the 25th day of may, 2004.

OH, SEONG KWON, Director

OH, HAENGIL, Director

CHI, DANIEL Y, Director

HAN, HYONG KUN, Director

제2부 재미총회 20년
6. SFC와 차세대

　재미 총회의 관심은 SFC 운동에 적극적인 관여를 하고 있다. 각 지역 별로 학원의 복음화를 위해 초창기의 활발한 활동이 좀 열심히 식어진 것 같으나 금번 제3차 전국 SFC 대회가 시카고 근교 Wheaton 대학교 빌리그레험센타에서 대규모 집회가 열린다.

　SFC 운동이 미국에서 시작된 것은 재미총회 10년사 pp.79-84에 자세하게 수록되어 있다. 두 번째 10년 간 제2회 SFC 전국대회가 2002년 7월 30일(화)~8월 2일(금)까지 Villanoua University에서 개최되었다. 제2회 SFC 전국대회 개요를 이해하기 위해 발간된 준비물을 참고하자.

제2회 SFC 전국 대회
Arise and Shine

전국대회를 준비하면서 1(Invitation 1)

박재영 목사 (SFC 전국 지도위원장)

하나님의 크신 축복이 아닐 수 없습니다. 지난 54년간의 SFC역사를 돌아볼 때, SFC 전국 수련회는 SFC 발전과 성숙의 요람이었습니다. 각 세대에 걸쳐 SFC 수련회는, SFC 운동원들이 하나님께 영광이 되고 일에 한 목표를 향해 나아가게 하는 동기와 용기를 구체적으로 제공하여 왔습니다.

우리가 현재 직면한 도전은 우리가 역사의 분기점 위에 서 있다는 것입니다. 과거와 현재라는… 그곳은 제 2세대가 이 시대 교회의 리더쉽을 가지기 시작한 곳이며, 역사적 개혁주의가 21세기에 새로운 도전을 던지는 곳입니다.

문화적인 상황에서도 우리는 분기점에 서 있습니다. 한국적인 문화적 상황에서 미국적인 문화적 상황으로 아니 세계적 문화 상황으로 옮겨가고 있습니다. 이런 때에 우리 자녀들은 우리가 가진 신앙 유산의 축복을 누려야 함은 물론이고 또한 개혁신앙적 세계관을 갖고 복합적 문화로 구성된 문화적 도전들에 대면하여 싸워가야 할 것입니다.

이번 수련회도 이 분기점에 "가교"를 놓는 일에 특별한 역할을 할 것입니다. 이 "가교의 세대"가 움직이고, 일치되고, 힘을 얻을 때,

그들은 우리 주 예수님의 지상 명령을 성취하는 중요한 역할을 하게 될 것입니다. 그리하면서 우리가 이때껏 선배들로부터 물려받은 꿈들과 희망들을 이루는 일에 독특한 역할을 다 할 것입니다.

우리 자녀들은 역사를 통해 주어진 위대한 영적 자산들이 있습니다. 부유한 개혁신앙의 전통, 뛰어난 세계적 기독교육의 자산들, 그리고 하나님 중심, 성경중심, 교회중심의 운동이 그것들입니다. 그럼에도 불구하고 우리 자녀들은 위기의 시대에 살고 있는 것 또한 사실입니다. 이 시대에는 복음을 위한 기회와 위험이 공존하는 때이기 때문입니다.

이번 전국 수련회를 준비함에 있어서, 우리의 자녀들이 이 모든 영적 자산들로부터 풍성히 이끌림을 받도록, 그리고 이 온 땅에 하나님의 영광을 선포하게 되도록 우리 주님께서 우리들의 마음과 삶을 이끌어 주시길 바랍니다.

전국대회를 준비하면서 2 (Invitation 2)

김창년 목사 (전국대회 준비위원장, 미주 SFC 전국 대표 간사)

Praise the Lord! For He is good and his mercy is everlasting. It is by the mercy of God that we have seen much growth in the Student For Christ ministry. The 1st National Leadership Training bore much fruit in that students were changed and challenged to be more dedicated to their local churches and their regional SFCs.

Last year, 3 new SFC chapters were added to college campuses (Baylor University, Georgia Tech U., University of Houston) and in the coming winter, 2 additional regional College Winter Conferences will be taking place (Mid-South, San Francisco).

God is answering our prayers about strengthening both local churches and college campus ministries! Both are possible only when the students are fed and trained with Word of God.

What is special about this upcoming National Conference is that the many students that were blessed in the past year themselves desire to come together, to be blessed together, to find companions in their spiritual battle.

At this coming conference, we are excited to have Rev. Billy Park as our keynote speaker. He has the distinction of being both a member of our denomination while being widely known throughout the eastcoast. Furthermore, having learned under Rev. John Piper, the great Reformed pastor, and having more than 15 years of ministry experience, he will preach the whole counsel of God to students in a way that will touch their hearts.

Furthermore, we are excited to have excellent plenary speakers. We will be having Rev. Isaac Lee, a renowned Reformed missionary, president of the Cornerstone Missions, and a motivational speaker, especially to youth.

[not confirmed] We will also be having a concert with David Meese, a widely renowned evangelical musician in the United

States.

In the aftermath of the events of September 11, God is opening the eyes and hearts of youth all across the United States. We pray that this will be an opportunity of a revival among the youth of this generation, leading to revivals within our churches and campuses across this nation.

제2회 SFC 전국 대회 목표 (Our Purpose)

1. 개혁주의 신앙의 정체성 확인
2. SFC 신앙운동(원)의 결속
3. 지역교회의 성장과 학원 복음화의 활성

WTS terror 사건이후 모든 처소에서 미국인이 교회로 모이고 하나로 뭉치고 있습니다. 이러한 영적 위기를 느끼는 역사적 시점에서 우리가 개혁주의 깃발 아래 함께 모여 회개운동, 말씀운동으로 영적 부흥을 다시금 불러일으키는 것이 마땅한 줄로 여기는 것입니다.

대회 안내 (General Information)

1. 일시 : 2002년 7월 30일(화) – 8월 2일(금)
2. 장소 : Villanova University (Philadelphia, PA)
   – 필라델피아 국제 공항에서 약 20분 거리에 있음 –
   a) 전체 집회 장소 (Pavilion) – 1,500~2,000명 수용 가능함
   b) 기숙사(Dormitory) – 4개 건물에 800명 수용 가능함
   c) 학교 아파트(Apartment) – 1200명 수용 가능함
   d) 식당(Cafeteria) – 한 번에 1000명이 한꺼번에 식사할 수 있음, 집회 장소와 기숙사에서 5분 거리에 있음
   e) 강의실(Lecture Rooms) – 30~40명 이상 수용할 수 있는 강의실이 30개 이상 있음

3. 주제 : 일어나라 빛을 발하라! (Arise and Shine!) (사60:1)

4. 주강사 : 박기흠(Rev. Billy Park) 목사

5. 세미나 강사 : 이삭 목사(선교), David Meece(뮤직 콘서트).
   Dr. Paul Tripp(청소년 문화)

6. 대상 : 중 · 고 · 대학생, 청년

7. 예상 참가 인원 : 총인원동원 1000명 예상
   동부 450명 / 중남부 150명 / 서부 150명 / 북서부 150명
   캐나다 50명 / 남미 10명 / 동문 40명

8. 등록비 : $160 (1차 등록 5/31일까지), $175 (1차 등록 마감 이
   후), $195 (당일 등록), $200 (대학생 이상), $100 (스탭, 리더)

9. 등록안내 : 지역별 등록 – 각 지역 간사에게

   a) 동부 김양선 간사(victoriakim@hotmail.com)
        770-800 W. Tabor Road. Philadelphia.PA 19120
        215-549-6880

   b) 중남부 정윤영 간사(associatechung@yahoo.com)
        9480 Knoll Crest Blvd. Alphretta, GA 30022
        770-449-0940

   c) 서부 김수진 간사(sfcamerica@yahoo.com)
        743 S. Grandview St. Los Angeles, CA90057
        213-252-0972

   d) 북서부 최병걸 간사(Pastorpaul@glorifythyname.org)
        37427 28th Ave. S., Federal Way, WA98003
        253-835-0830, 253-350-3573

   e) 캐나다 이은환 간사(richlee@pastors.com)
        5659 Cortina Crescent, Mississauga, ONT L4Z 3R4,
        Canada
        905-890-9564

10. 전국 대회 Office   필라델피아 제일 장로교회
770-800 W. Tabor Rd., Philadelphia. PA 19120
215-549-6880

대회 스케줄(Conference Schedule)

8월 6일(화) - 만남

1:00 p.m.	등록/Pre-Conference Concert
5:30 p.m.	저녁식사
7:00 p.m.	저녁 집회(1)
10:00 p.m.	그룹별 기도회
11:00 p.m.	취침

8월 7일(수) - 회고

7:00 a.m.	아침 식사
8:30 a.m.	아침 예배
10:00a.m.	전체 특강 (1): SFC Heritage
12:00p.m.	점심 식사
1:30 p.m.	전체특강 (2): 청소년 문화 (Dr. Paul Tripp)
3:00 p.m.	Coram Deo Festival
5:30 p.m.	저녁식사
7:00 p.m.	저녁 집회 (2)
10:00 p.m.	그룹별 기도회
11:00 p.m.	취침

8월 8일(목) - 헌신

7:00 a.m.	아침 식사
8:30 a.m.	아침 예배
10:00a.m.	전체 특강 (3): Mission Challenge (이삭 목사)
12:00p.m.	점심 식사
2:00 p.m.	Music Concert : David Meece
5:30 p.m.	저녁식사
7:00 p.m.	저녁 집회 (3)
10:00 p.m.	그룹별 기도회
11:00 p.m.	취침

8월 9일(금) - 파송

7:00 a.m.	아침식사
8:30 a.m.	Packing/Cleaning
9:30 a.m.	폐회 예배
11:00 p.m.	폐회

강사소개(Conference Speakers)

주강사 : 박기흠(Rev. Billy Park) 목사

박기흠 목사는 Wesleyan University에서 BA과정을 Princeton Theological Seminary에서 D.Min과정을, Gordon -Comwell Theological Seminary에서 Th.M. 과정을 마쳤다.

1986년부터 청소년 사역과, 대학부, 영어권사역을 하였고 1994년부터 6년간 Brown University 지역에서 학원 교회를 담임했다. 1995년 미주 고신(동부노회)에서 안수를 받았으며 현재 볼티모어

에 위치한 벧엘장로교회에서 영어 목회를 담당하고 있다.

전체 특강 강사

1. Dr. Paul Tripp (청소년 문화)

Paul David Tripp 박사는 Philadelphia Theological Seminary에서 D.Min를 Westminster Theological Seminary에서 DMin과정을 마쳤다. 현재 Christian Counseling Education and Foundation(Westminster 상담분과)에서 Director(Changing Lives Ministries)로 일하고 있으며, Westminster 신학교에서 실천신학 강사로 수고하고 있다.

특별히 청소년 상담이 전문이며, Age of Opportunity : A Biblical Guide to Parecting Teens와 War of Words 등 두 권의 책을 발간하였다.

2. Isaac Lee 목사 (선교)

이삭 목사는 Reformed Presbyterian Seminary에서 D.Min를 수료하고 1985년에 북한, 중국, 베트남 등 공산국가에 성경을 보급하기 위한 목적으로 Cornerstone 선교 단체를 창립하였다. 1988년 Love North Korca Symposium을 개최하였고 특별히 북한 선교에 대한 비전을 가지고 헌신자들을 훈련하며 사역을 하고 있다.

찬양인도 : Passion (Chris Tomlin)

세계적으로 청소년 및 청년들에게 좋은 호응을 얻고 있는 Passion 찬양팀은 많은 경배와 찬양곡을 만들어 보급하고 있다. 개혁주의 신앙을 토대로 많은 찬양곡을 만든 Passion 팀은 현재 미국

의 찬양의 흐름을 주도해 간다고 말해도 과장이 아닐 정도로 효과
적인 사역을 하고 있다.

대회 조직(Conference Organization)

대회장 : SFC 전국 지도위원장

명예 대회장 : 총회장

명예 부대회장 : 부총회장, 각노회장

고문 : 전 노회장

전국 지도위원 : 김만우, 최학량, 전성철, 배봉규, 구자경, 박대
근, 이은환, 정병일, 윤정태

준비 위원장 : 김창년

전국대회 총무 : 김수진

본부 Headquarter (각지역 대표 간사) : 한기원(서부), 최병걸(북
서부), 백승철(북서부-샌프란시스코), 정윤영(중남부), 이은환(캐
나다), 배봉규(남미)

각부서 책임자

1. 인원동원 및 홍보 – 김영기, 김수진

2. 등록 – 배재령

3. 행정 – 김온유

4. 재정 – 장부영

5. 프로그램 – 김양선

6. 안내/Security – 최병걸, 김세종, 김민관

7. 시설 – 한 John

8. 의료 – David Cho

9. 상담/기도 – 정준영

10. Transportation – David Cho

11. Promotional Sales – 이영아

12. 섭외 – 김성권

13. 예배 – 유안식

14. 리더 훈련 – 한어 : 허세은, 영어 : 김창년

15. 통역 – Joel Kim, James Yoo

16. Media – 최성훈, 전 Daniel

17. Nursery – 심현옥

대회 준비 계획 (Conference Preparation Agenda)

2001년 3월   전국대회 실행 준비위원회 결성

전국대회 예산 계획

대회 장소와 강사 Contact

2001년 6월   대회 프로그램 확정

세미나 주제와 강사 확정

인원동원 계획

2001년 8월   각 지역 여름 수련회 전국대회 홍보

대회 장소와 주 강사 예정

전국대회 website 설정

2001년 10월   대회 장소, 주강사, 세미나 강사 확정

전국대회 포스터, 안내책자 발행

전국대회 공문 발송

정기총회 보고

2001년 11월　전국대회 홍보물 전 미주 지역교회 발송

신문 광고 1차

2001년 12월　각 지역 대학, 청년 수련회시 전국대회 홍보

2002년 1월　전국대회 공문 발송 (2차)

2002년 3월　전국대회 공문 발송 (3차)

차량 확보 (교회밴, 버스)

2002년 4월　신문 광고 (2차)

2002년 5월　전국대회 공문 발송 (4차)

1차 등록 마감 (5/31)

리더훈련 manual 각 지역별로 distribute

2002년 6월　리더 훈련 시작 (지역별)

대회 장소 보험 확보

신문광고 (3차)

항공 스케줄 confirm/arrange transportation

그룹확정, 숙박 arrangement

finalize plan for guide and security

2002년　7월 2차 등록 마감 (7/29)

리더 합숙 훈련 (7/29)

제2회 SFC 전국대회

대회 재정(Conference Budget)

수입

등록비　　　　　　　　　　　　　　　　　　　　　165,350.00

(1차등록 : $160×300명=48,000) (2차등록 : $175×400명=70,000)

(당일등록 : $195×130명=25,350) (동문 : $200×50명=10,000)

(리더, 스탭 : $100×120명=12,000)
후원금   84,650.00
                                            합계 250,000.00

지출

장소 사용비   (130×1,000 people)   130,000.00
주강사비   2,000.00
세미나 강사비 (항공료 포함)   3,000.00
홍보비 (라디오, 신문)   10,000.00
안내 책자, 포스터   (포스터 : $3.00×1,500=4,500.00,   10,000.00
                안내책자 : $2.50×1,000 = 2,500, Brochure : $3,000)
우편료   10,000.00
운송비   3,000.00
사무용품, 전화비   5,000.00
찬양팀 equipment rental (Passion 찬양팀, 찬양팀 equipment)10,000.00
First Aid   300.00
매뉴얼   ($2.50×1,000)   2,500.00
티셔츠   ($3.50×1,000)   3,500.00
준비비   1,500.00
준비위원장 준비비 (항공료)   2,000.00
실행 준비위원회   2,000.00
수련회 보험   4,700.00
Miscellaneous   50,000.00
                                            합계 250,000.00

1. 형제가 연합하여 동거함이 어찌 그리 선하고 아름다운고 (시 133:1)라고 하신 하나님의 말씀에 힘입어 재미 한인 예수교 장로회 제 12회 총회 기간중에 총대로 참석하신 장로님들의 뜻을 모아 재미 고신 전국 장로회 발기 위원회를 발족하여 새 일을 시작하게 되었습니다. 이러한 새 일은 하나님께서 하게 하셨고 또한 하나님은 저에게 새 일을 세우시고 그 일을 하도록 요청하셨습니다.

신종문 장로
전국장로회 회장,
훼드럴웨이 제일
장로교회 시무장로

이러한 하나님의 요청에 따라 제 13회 총회 기간중에 12명의 장로님들이 모여 제 1회 창립 총회를 가지고 초대 회장에 피선이 되어 지금까지

7년동안 회장직을 맡고 있습니다.

미국적인 현실속에서 볼 때 자주 모이지는 못하지만 멀고도 가까운 곳에서 모여 힘을 합하게 된 것을 개인의 명예와 욕망보다는 우리 교단에 속한 장로님들의 화목과 단합의 분위기를 조성하고, 미주 고신 교단의 이념과 숭고한 신앙 정신을 계승하기 위해 후배들에게 교단 공익을 추모할 수 있는 정직과 용기와 신뢰를 보여주는 자랑스러운 우리 교단의 긍지를 일깨워 줄 새로운 역사의 장을 열은 것입니다.

이 일을 시작할 때 증경 총회장이신 신현국 목사님과, 박재영 목사님과, 김만우 목사님께서 용기와 힘을 주심으로 발기위원회가 1996년 10월 30일 필라 제일 장로교회에서 (명칭) 재미 고신 전국 장로회가 발족이 되었습니다.

2. 발족 위원장 : 신종문 장로　서기: 임무송 장로
위원: 이윤태 장로, 지준옥 장로, 이창우 장로, 이선춘 장로, 김상철 장로, 신언복 장로, 김양도 장로, 이명구 장로, 신판석 장로, 윤영성 장로

3. 창립 총회: 1997년 10월 29일 1시 30분 휴스턴 한빛교회에서 개최되어 아래와 같이 임원이 피선이 되어 벌써 10회 총회를 맞이

하게 되었습니다. (별지 A) 9년동안 회장직을 맡아 오면서 많은 꿈과 계획이 있었으나 뜻을 이루지 못한 점이 아쉽습니다. 그러나 하나님께서 지켜주심으로 현재까지 이르게 된 것을 감사하게 여기면서 앞으로 많은 장로님들이 열정을 가지고 한 공동체를 이루어 나갈 때 교회를 위하고, 노회를 위하고, 총회를 위하고, 우리 교단을 위한 재미 고신 전국 장로회가 될 줄 확신합니다.

4. 현재 임원

A – 제 1회 임원 (창립 총회: 1997년 10월 29일)

직임	이름	노회	교회
회장	신종문 장로	북서	산호세 한인 장로 교회
부회장	우수관 장로	중부	염광 장로교회
총무	이기대 장로	카나다	토론토 제일 장로 교회
서기	류삼광 장로	서부	가주 말투스 교회
회계	변종원 장로	동부	뉴저지 제일 교회
협동 총무	임무송 장로	동부	뉴욕 시온 장로교회
협동 총무	김규화 장로	중남미	한빛 장로교회
협동 총무	배택한 장로	북서	상항 북부 교회
협동 총무	지준옥 장로	남미	쌍파울로 필라교회

B - 현재 임원 (제 9회 정기총회: 2005년 10월 26일)

직임	이름	노회	교회	전화번호
회장	신종문 장로	북서	훼드럴웨이제일장로교회	(253) 952-2998
부회장	이명학 장로	중남부	휴스턴 한빛교회	(713) 939-7696
부회장	이종호 장로	동부	영원한 교회	(302) 559-9161
부회장	이광수 장로	서부	새시대 교회	(626) 452-0924
총무	문성원 장로	서부	탬피 장로교회	(480) 831-2839
서기	이희영 장로	중남부	성은 장로교회	(336) 697-7245
부서기	김대열 장로	서부	새시대 교회	(213) 483-5763
회계	이장남 장로	중남부	한미 장로교회	(216) 440-0188
부회계	김경재 장로	중남부	덴버 소망교회	(203) 752-3612

재미 총회 20년사

사진전 II

▲ 제12회 재미한인 예수교장로회총회(고신)

▲ 제19회 재미총회 참석자 사모님 기념사진.
2003년 10월 27일~31일 델라웨어 영원한교회

▲ 2004년 6월 1~4일 태국 방콕에서 열린 고신 세계 선교 포럼. 재미총회대표들이 참석하여 선교정책을 토론함.

제**3**부

총회촬요(11~21회)

1회 ~ 10회는 재미총회 10년사에 수록되었으며,
11회 ~ 21회까지를 20년사에 수록합니다.
서기 **우영종** 목사(2006년)

제11회
재미 한인 예수교 장로회
총회 촬요

일   시 : 1995년 10월 31일(화) ~ 11월 2일(목)

장   소 : 산호세 한인 장로교회당

참가회원 : 목사 70명, 장로 19명, 계 89명

일반 결의 사항

1. 총회임원

　　총　회　장 : 신현국 목사

　　부 총 회 장 : 김만우 목사, 강위상 목사

　　서　　　기 : 손창호 목사

　　부　서　기 : 윤정태 목사

　　회 록 서 기 : 구자경 목사

　　부회록서기 : 이유량 목사

　　회　　　계 : 이윤태 장로

　　부　회　계 : 신종문 장로

2. 상비부 (* = 부장, @ = 서기, # = 회계)

1) 행정부

3년조 : 김용출, 구자경, (@)윤정태.

2년조 :(*)신현국, 강위상, 김만우

1년조 : 임종수, 박재영, 남영환

2) 선교부

3년조 : (@)이정건, 배성학, 백남태.

2년조 : (*)임종수, 정삼식, 정태근. (#)이귀생.

1년조 : 윤춘식, 김정곤, 송영준, 신종문.

3) 전도부

3년조 : (@)김진호, 여국현, (*)김재술.

2년조 : 변의남, 원차희, 배명환, 구동철.

1년조 : 이승철, 고필균, 김성원, 임무송.

4) 교육부

3년조 : (*)최학량, 정필흠, 이병구, 이은환.

2년조 : 강학근, 최성은, 전성철, 박민찬.

1년조 : 김용훈, 문성출, (@)강남중, 우수관.

5) 신학부

3년조 : 이근삼, (@)장희선, 조문봉.

2년조 : 박수홍, 박태련, 이유량.

1년조 : (*)하청조, 주원명, 박재철.

6) 고시부

3년조 : (*)김만우, 조봉환, 박대근.

2년조 : 신현국, (@)우영종, 박재영, 김진섭.

1년조 : 조 성, 김용출, 최학량.

7) 규칙부

　　3년조 : 박종규, (@)박종창, 이강문.

　　2년조 : 손창호, 김재술, 한 무, 김형수.

　　1년조 : 전재린, (*)주요한, 이재건, 진학일.

8) 섭외부

　　3년조 : 최영호, 이학재, 하성만, (*)박태련.

　　2년조 : 강위상, 정병일, 김은태, 박기권.

　　1년조 : 이신열, 이은성, 김정락, (@)김현구.

9) 출판부

　　3년조 : (*)박대근, 박승순, 김건용, 윤재한.

　　2년조 : 윤덕곤, 김기석, 김용민.

　　1년조 : 배봉규, 박순철, (@)김세현, 변순복.

10) 은급부

　　3년조 : (*)송영준, (@)윤원환, 송경식, 윤종원, 김현겸.

　　2년조 : 김정락, 박태관, 김경탁, 박광우.

　　1년조 : 양봉현, 박석현, 김준응. 변종원

11) 재정부

　　3년조 : (*)손창호, 김유찬, 최승렬, 지준옥.

　　2년조 : 박기흠, 백성철, 박은생, 이창우, 임무송.

　　1년조 : 박성천, 전병국, 김병호, 신종문, (@)이윤태.

3. 상임위원 (* = 장, @ = 서기)

　　1) 자문위원 – 한명동, 남영환, 조분봉, 이기진, 정필흠, 전재린,

이근삼, 박현진

2) 기획위원회 – 총회장, 서기, 박재영, 신현국, 김만우, 김용출,
　　　임종수, 변의남

3) 신학교 운영 위원회 – 기획위원회, 박현진

4) 유사 기독교 연구 위원회 – (*)신현국, (@)이유량, 장희선,
　　　　　　최학량, 임종수, 조봉환, 구자경

5) S.F.C. 위원회 – (*)김만우, (@)조 성, 윤원환, 박대근,
　　　　김재술, 전성철, 박태련, 이유량.

6) 차세대 교육 위원회 – (*)김진섭, (@)김용훈, 손창호,
　　　　　원차희, 김세현, 김정곤, 최성은.

주요 결의 사항

1. 각 노회 상황 보고

　1) 동부노회 상황 보고

　　A. 노회임원

　　　회　　장 : 김용출 목사,　부 노 회 장 : 윤정태 목사,

　　　서　　기 : 이유량 목사,　부　서　기 : 강학근 목사,

　　　회록서기 : 정병일 목사,　부회록서기 : 김은태 목사,

　　　회　　계 : 임무송 장로,　부　회　계 : 윤준오 장로

　　B. 목사 회원 가입 – 여국현 목사

　　C. 목사 후보생 가입 – 홍인석 전도사

　　D. 목사안수 – 김건용, 박기흠, 이신열, 이학재, 양봉현,

윤덕곤, 송경식, 이은환

E. 이명허락 – 박재철(중남부 노회로), 윤덕곤 목사(중남부 노회로), 박순철 강도사(서부노회로)

F. 이래 허락 – 박석현 목사(서부산 노회서)

G. 교단 가입 허락 – 여국현 목사(뉴욕 시온 장로교회), 홍인석 전도사

H. 전도목사 파송 허락 – 양봉현 목사(필라 은강교회)

I. 교회명칭 변경허락 – 부롱스 장로교회를 뉴욕 시온 장로교회로

J. 교회 통합 허락 – 부롱스 장로교회와 갈보리 장로교회

K. 당회장 배정허락 – 뉴욕 시온 장로교회 2년간 (여국현 목사)

L. 임원 보선 – 부서기(강학근 목사)

M. 개척교회 설립허락 – 윤정태 목사(워싱턴 복음장로)

2) 서부노회 상황 보고

A. 노회임원

회   장: 구자경 목사. 부 노 회 장: 송영준 목사,

서   기: 조 성 목사, 부 서 기: 박대근 목사,

회록서기: 원차희 목사, 부회록서기: 김재술 목사,

회   계: 신종문 장로, 부 회 계: 한정교 장로

B. 상비부 증설 – 선교부, 홍보부, 임사부는 행정부로

C. 교단 가입 – 상항 장로교회(장희선 목사)

D. 교회 설립 – 새창조 교회(최학량 목사)

E. 회원 가입 – 이근삼 목사(동부노회에서), 김성원(유타제
일 장로교회), 박태관(한생명 장로교회), 박은생(가주 말
투스교회)

F. 임원신설 – 부서기, 부회계.

G. 목사안수 – 박순철, 백승철.

3) 중남부 노회 상황보고

A. 노회임원

노　회　장: 임종수 목사

부 노 회 장:

서　　　기: 우영종 목사

부　서　기: 박재철 목사,

회 록 서 기: 최성은 목사

부회록서기: 전성철 목사,

회　　　계: 우수관 장로

부　회　계: 김일주 장로

B. 목사회원 가입 – 박종창, 박재철, 윤덕곤, 주도홍(준회원)

C. 교회개척 – 갈릴리 선교교회(이승철 목사), 골스보르 중
앙교회(윤덕곤 목사), 덴버 시민 선교교회(박
현진 목사)

D. 교회당 준공 및 구입 – 염광장로교회(준공), 휴스턴 한빛
장로교회(새예배당 구입), 골스보
르 중앙교회(예배당 구입)

E. 교회사면 허락 – 진학일 목사(맨하탄 장로교회)

F. 교단탈퇴 – 시카고 새로운 고려교회 명병헌 목사(제명처
리)

4) 남미 노회 상황보고
   A. 노회임원
      노 회 장: 남영환,
      부노회장: 배성학 목사, 장성태 장로,
      서　　기: 배봉규 목사
      회록서기: 김준웅 목사,
      회　　계: 전영길 장로
   B. 목사가입 – 손성수 목사
   C. 장로고시 합격 – 박정환 집사
   D. 장로피택 – 손성기 집사
   E. 장로취임 및 장립 – 이효교, 김웅국(취임), 김순근,
                이명랑(장립)

2. 행정부
  1) 기획위원 구성을 재조정 하자는 안건은 일 년간 보류하기로
    가결하다.

3. 선교부
  1) 새로운 선교지 물색하고 탐방하는 일과 21세기 선교사역을 위
    하여 본국총회 선교부와 1차 북미에서 숙의 하려는 일은 허락
    하며

2) 선교부 내규를 만드는 일을 허락하기로 가결하다.

3) 선교총무에 임종수 목사를 선임허락하다.(임기 5년 - 無給)

4) 파라과이 김기석 선교사의 선교비를 매월 $250 인상 하기로 가결하다.

5) 선교비 지원교회를 다음과 같이 결정하다.

　＊매월 200 지원교회 - 뉴져지제일, 뉴욕시온, 윌밍톤한인, 토론토제일, 필라제일, 덴버소망, 산호세한인, 성은장로, 오렌지카운티충현, 타코마삼일, 훼드럴웨이중앙, 시애틀중앙, 가주말투스(13개 교회).

　＊매월 100 지원교회 - 여수룬, 나성삼일, 린우드, 믿음소망사랑, 오버레익중앙, 타코마한빛, 리버사이드갈보리선교, 휴스턴소망, 나성성복, 볼더한인, 상항한미, 유타제일, 피닉스한인, 리버사이드한인(14개 교회).

4. 전도부

1) 국내전도, 개척교회를 위하여 매년 세례교인 당 10불씩 총회 전도부로 보내기로 가결하다.

2) 매년 8월 3째주일을 총회 전도주일로 지켜 전도주일 특별헌금을 총회전도부로 보내기로 결의하다.

5. 교육부

1) 총회산하 회원교회의 주일학교 교사의 신앙증진과 자질향상을 위하여 1년1차 세미나를 각 노회적으로 개최하도록 결의하다.

2) 총회산하 목사, 장로 연장교육을 위한 세미나를 매년 1차씩 개최하되 총회기간 저녁시간에 가지기로 결의하다.

6. 고시부
1) 목사고시 합격 – 조영구, 홍인석, 이경실, 김익범, 김창용.
2) 96년도 목사고시 과목은 다음과 같다.
   *논문 – A. Promise Keepers 운동에 대한 분석과 평가.
           B. 건전한 신앙가정을 위한 목회자로서 사역방안.
           C. Para Church Movement의 분석평가.
   주해 – 행 2:1-21
   설교 – 계 3:20

7. 규칙부
1) 헌법제정을 위한 헌법제정연구 위원을 박재영, 신현국, 김용출, 임종수 목사로 가결하다.
2) 헌법제정 연구위원 조직 – 위원장: 박재영, 서기: 임종수, 위원: 신현국, 김용출.

8. 기획위원회
1) 총회산하 성경통신대학 설립을 허락하며 책임자를 박재영 목사로 결의하다.
2) 성경통신대학 졸업자는 본 교단 장로고시 성경과목을 면제하기로 하며, 주교사는 주일학교 정교사 자격증을 수여키로 결의하다.

3) 교회 교육 협약서를 인준하기로 결의하다.

4) 타교단과의 유대 및 외국선교단체와의 선교협약 체결은 기획부에 일임하기로 가결하다.

9. 신학교 운영위원회

1) 각 지역 총회직영 신학교에 실무 이사회를 두도록 한다.

2) 실무이사회의 시행세칙 작성은 교단신학교 운영이사회의 주관하에 지역실무 이사회와 연석으로 작성한다.

3) 가주 고려신학 대학원 설립을 허락하다.

4) 각 지역 직영 신학교 명칭은 다음과 같이 하기로 가결하다.

재미고려신학교(뉴져지), 서부고려신학대학(산호세),

고려신학대학원(L.A.)

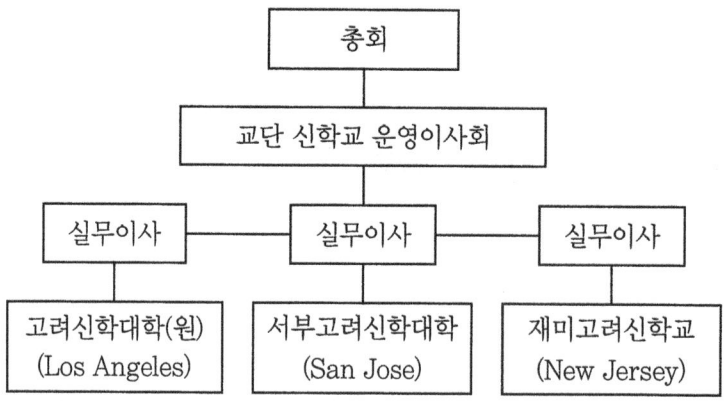

5) 제1회 서부 고려신학대학 졸업식 - 주정민, 김창용, 송선실 (졸업자)

10. 유사기독교 연구 위원회

1) 다락방 전도운동은 경계토록하며 유사기독교 연구 위원회에
   서 그 분석자료를 교단산하교회에 배부토록 결의하다.
2) 불건전한 기독교운동단체(이명범, 김기동, 이초석, 박무수, 트
   레스디아스 등)에 대한 분석, 비판하는 팜플렛을 만들어 교단
   산하교회에 배부토록 결의하다.

11. S.F.C. 위원회
1) 남미노회에 S.F.C. 간사를 파송하기로 결의하다.

12. 본국 친설 사절단 인사
총회장 – 이금조 목사, 학교법인 이사장 – 곽삼찬 목사,
총　무 – 심군식 목사

13. 내회장소
동부노회에 일임.

1995. 11. 10

총회장　신현국 목사
서　기　손창호 목사

제12회
재미 한인 예수교 장로회
총회 촬요

일시 : 1996년 10월 29일(화) ― 11월 1일(금)

장소 : 필라델피아 제일 장로교회당

(770-800 W. Tabor Road.Philadelphia, PA 19120)

회원 : 목사회원/77명, 장로회원/15명, 총/92명

일반 결의 사항

1. 총회임원

　총　회　장 : 김만우 목사

　부 총 회 장 : 강위상 목사, 김용출 목사

　서　　　기 : 손창호 목사

　부　서　기 : 윤정태 목사

　회 록 서 기 : 이유량 목사

　부회록서기 : 배성학 목사

　회　　　계 : 신종문 장로

　부　회　계 : 지준옥 장로

2. 상비부(@=부장, *=서기)

1) 행정부 - 박재영(@), 윤정태(*), 신현국, 강위상, 김만우,
김용출, 구자경, 송영준, 배성학.

2) 선교부 - 임종수(@), 이정건(*), 이윤태, 조성, 정태영,
이승철, 정삼식, 정태근, 김형오, 이병구.

3) 전도부 - 변의남(@), 배명환(*), 강위상, 김정곤, 윤춘식,
김진호, 김재술, 원차희, 여국현, 백상인, 윤춘한.

4) 교육부 - 전성철(@), 김병호(*), 조영구, 최병구, 하병석,
박기흠, 최학량, 이은환, 김형국, 강학근, 정필흠,
이신구.

5) 신학부 - 김진섭(@), 김용훈(*), 박태관, 박영돈, 이근삼,
최성은, 조문봉, 조성관, 박수홍, 박태련, 이유량.

6) 고시부 - 신현국(@), 우영종(*), 박재영, 김진섭, 김만우,
조봉환, 박대근, 김용출, 장희선, 박재철.

7) 규칙부 - 조 성(@), 박종창(*), 최학량, 고필균, 한명동,
박종규, 이강문, 김석현, 윤대식, 한 무, 김형수,
강대찬.

8) 섭외부 - 주요한(@), 최영호(*), 진학일, 이재건, 전재린,
최병철, 이학재, 하성만, 권오성, 곽성식, 정병일,
김은태, 박기권, 이신열, 신판석.

9) 출판부 - 하청조(@), 윤덕곤(*), 송영준, 김정락, 이은성,
백성철, 주원명, 박대근, 박승순, 김건용, 윤성환,
김기석, 길성남, 김원호, 이명학, 김도원.

10) 은급부 - 배봉규(@), 송경식(*), 임무송, 김세현, 박순철,

변순복, 윤원한, 이기진, 전병국, 홍인석, 박은생,
박현진, 이창우, 김양도.

11) 재정부 – 손창호(@), 신종문(*), 양봉현, 박석현, 김준웅,
김익범, 김유찬, 최승렬, 이윤태, 정정엽, 박성천,
지준옥, 이선춘, 신언복.

3. 상임 위원(@=장, *=서기)

1) 자문위원 – 한명동, 남영환, 조문봉, 이기진, 정필흠, 전재린,
이근삼, 박현진.

2) 기획위원 – 김만우(@), 손창호(*), 박재영, 신현국, 김용출,
임종수, 변의남, 윤정태, 송영준, 배성학.

3) 신학교 운영위원회 – 김만우(@), 손창호(*), 박재영, 신현국,
김용출, 임종수, 변의남, 윤정태,
송영준, 배성학.

4) 유사기독교 연구 위원회 – 신현국(@), 장희선(*), 이유량,
임종수, 조봉환, 구자경, 윤정태.

5) S.F.C. 위원회 – 김만우(@), 권오성(*), 조 성, 박대근,
김재술, 전성철, 이유량, 김병호.

6) 차세대 교육위원회 – 김진섭(@), 김용훈(*), 원차희, 홍인석,
이은환, 정태영, 최성은, 박기흠,
김형국.

7) 헌법재정 위원회 – 박재영(@), 조봉환(*), 임종수, 신현국,
김용출, 조 성.

중요 결의 사항

1. 행정부
   * 본교단에서 안수 받은 목사가 노회 허락없이 본교단을 떠날때
   는 자동적으로 목사직을 면직하기로 하다.
2. 선교부
   1) 남정임 권사를 아마죤 인디안 평신도 선교사로 인준하다(이력
   서 첨부하여 총회장과 선교부장 앞에 선서한 후).
   2) 변의남 목사를 남미 브라질 선교사로 파송하기로 하며, 파송
   예배를 드리다.
   3) 각 교회가 단기선교사를 선교현지로 파송할 때 선교부의 자문
   을 받기로 하다.
   4) 김기석 선교사가 본 총회가 파송한 총회선교사임을 재확인하
   다.
   5) "97년도에 남미에 선교사 한 가정을 파송하기로 하며, 이에
   필요한 재정충원을 위하여 각 교회별로 분담하기로 하다.
   6) 선교사 후보가 있을 경우에 선교부에 보고하여 허락받은 후
   선교부의 관리를 받으며 재정이 허락하는 대로 장학금을 지급
   할 수 있도록 하다.
3. 전도부
   1) 각 노회의 협조를 얻어 1년 1개척교회를 설립하도록 하다.
   2) 이미 설립된 각 노회 산하의 개척교회는 계속 협조를 받되 총
   회직전에 그 내용을 전도부에 알려주어 결과를 집계하도록 한
   다.

4. 교육부

1) 2세(영어권)를 위한 고신을 소개하는 영문 팜플렛을 제작하여 다음 총회시까지 배포하도록 하다(고신 설립자 한상동 목사 역사).

5. 신학부

1) 현재 미주 내에서 일어나고 있는 아래와 같은 신학과 신앙운동에 대한 분석, 비판 연구를 다음과 같이 분할하여 차기 총회시까지 출판하기로 하다.

　　A. Promise Keeper Movement, Evangelical Catholic Together 운동(연구자 - 이근삼 목사, 김진섭 목사)

　　B. Tronto Blessing(연구자 - 조성관 목사, 최성은 목사)

　　C. Tres Dias (연구자 - 박태관 목사, 박태련 목사)

6. 고시부

1) 목사고시 응시자격은 개혁주의 신학을 졸업한자(재학)로서 본 교단 교회에 소속한 당회장의 지도를 1년 이상 받은 후 당회장의 추천과 노회의 심사를 거쳐 고시부가 합당하다고 인정된 자로 한다. 단 복음주의 계통의 신학교를 졸업한자라도 개혁주의 신학을 찬동하는 자는 포함하기로 한다.

2) 목사고시 전과목 합격자 - 김종국, 김창연, 박경춘, 정현구, 김철우, 박홍배, 곽청규(7)

3) 김두식, 이성재 전도사는 논문 보충 및 수정을 "'97년 3월 31일까지 제출하여 고시부의 허락을 받아 목사 안수를 받도록 하다."

4) 김종국, 김철우, 박경춘, 김창연, 이성재 전도사는 교단정신의

동질성을 가질 수 있도록 동,서부 신학교에서 한 과목씩 강의
를 받아 고시부에 학점을 제출토록하다.

5) 목사고시 요강

    A. 논문제목 : 변질된 현대 세계 기독교 운동의 실상에 대한
분석과 비판(계시록 17장, 18장을 중심으로, 원고지 30
매)

＊참고사항 : 거짓 표적과 기사운동, 비성경적 교회성장운동, 종
교와 정치 통합 운동에 대한 본인의 사명에 대한 제시.

    B. 주해 : 히 6:1-8(원고지20매) 주해에 사용한 각종 주석이
20여권 이상 되어야 하며 인용한 주석의 출처는 각주에
분명히 밝혀야 한다.

    C. 설교 : 롬 5:1-11(5절을 중심으로 이민목회 현장에서의
성령사역에 대하여 설교해야 하며 시간은 7분)

7. 규칙부

1) 본국 총회에서 은퇴한 목사는 자문위원으로만 한다.

8. 섭외부

1) 재미총회의 안내와 홍보를 위하여 인터넷 홈페이지를 개설하
기로 하다.

2) 미주안에 있는 O.P.C. P.C.A. C.R.C. 등의 교단과 총회기
간에 상호 친선 사절단을 교류하기로 하다.

9. 출판부

1) 주소록을 다시 정리하고 우리환경에 맞게 편집한다.

2) 교단 소식지 발행을 년 4회로 하기로 하다.

10. 은급부

1) 은급부에서는 총회규칙 제 11장 목사의 은급 및 회칙 규정 제 27조와 제 28조에 정해진 규칙대로 각 교회에서 실시할 수 있도록 총회 산하 각 교회 재정부장에게 독려하기로 하다.

2) 총회규칙대로 실시하고 있는 교회는 총회 서기에게 실시 사항을 보고 하도록 하다.

11. 재정부

1) 97년 예산안과 지출안에 $4,000을 추가하며 만약 결산액이 모라잘 경우 모자라는 금액을 장로 총대가 분담하기로 하다.

2) 총회산하 선교부, 전도부, 신학교, 기타 모든 부서에서 소요되는 지출금액을 통합하여 재정보고를 하기로 하다.

3) 각 노회 회계는 노회 1년 예산안을 총회 회계에게 제출하도록 하다.

각 상임위 결의 사항

1. 기획위원회

1) 서부노회 소속 변의남 목사는 남미선교사 파송을 위해 서부노회가 사임서를 받되, 현재 시무 교회의 임시 당회장을 한 회기 동안 수행하도록 하다.

2. S.F.C. 위원회

1) 동부지역에서는 97년 1월 마지막주 토요일(선배모임)에 발기 총회를 가지기로 하다.

2) 97년 S.F.C. 여름 수련회 주제를 통일하기로 하다.

3) 97년도 본국 S.F.C. 50주년 기념행사에 지도위원들이 참석하기로 하다.

4) 매 2년마다 총회 산하 중,고,대 연합 수련회를 하기로 하며 98년 7월경 중남부 지구에서 개최 하기로 하다.

5) S.F.C. 영어 명칭은 S.F.C. in West. S.F.C. in Midsouth. S.F.C. in Northwest로 칭하기로 하다.

6) S.F.C. 간사인준 : 중남부 지역 - 김병호 목사, 서북부 지역 - 홍인석 목사

7) 지도위원 모임 : S.F.C. 지도위원 모임을 97년 봄 염광장로 교회에서 가지기로 하다.

3. 차세대 교육 위원회

1) 차기 총회 기간 중 차세대를 위한 특강을 2시간하기로 하다.

2) 본 교단에서 안수를 받은 영어권의 목사님들은 차세대 교육위원으로 하기로 하다.

3) 차세대 교육위원회와 S.F.C. 위원회는 친밀한 관계를 갖기로 하다.

4. 헌법 제정 위원회

1) 총회헌법을 영어와 한글로 빠른 시일 내에 만들기로 하다.

기타 안건 결의 사항

1. 오레곤 삼일교회를 위하여 폐회예배시에 헌금을 하기로 하다. (당일 헌금 총액:

2. 오레곤 삼일교회를 위하여 총회산하 각교회는 한주일 헌금을 하여 보내기로 하다. 보낼곳 : 신종문 장로 앞(총회 회계)

　주소 : 733 Stendhal Lane. Cupertino, CA 95014

3. 본총회와 본국교단이 긴밀한 관계를 가질 수 있도록 본국 학교법인 이사장 조재태 목사와 총무 심군식 목사에게 본국교단 주소록, 월간고신, 기독교보를 보내 줄 것을 협조사항을 전달하기로 하다.

총회장　김만우 목사

서　기　손창호 목사

제13회
재미 한인 예수교 장로회
총회 촬요

일시 : 1997년 10월 28일(화)-30일(목).

장소 : 휴스톤 한빛장로교회

회원 : 목사 70명, 장로 12명, 자문 3명, 계85명.

결의사항

1. 총회임원

   총 회 장 : 강위상 목사(LA 리버사이드 장로교회)

   부총회장 : 김용출 목사(토론토 제일장로교회),

               임종수 목사(아틀란타 염광장로교회)

   서   기 : 윤정태 목사(와싱톤 복음장로교회)

   부 서 기 : 구자경 목사(시애틀 중앙장로교회)

   회록서기 : 이유량 목사(뉴져지 효성장로교회),

               우영종 목사(덴버 소망장로교회)

   회   계 : 신종문 장로(산호세 장로교회)

   부 회 계 : 임무송 장로(뉴욕 시온장로교회)

2. 공천부 : 부장-(장), 서기-(기), 회계-(계)

  1) 상비부

    (1) 행정부 : 박재영(장), 손창호(기),

      부원 - 조성관, 우영종, 송영준, 배성학, 김용출,

         구자경, 윤정태, 변의남, 장희선

    (2) 전도부 : 정병재(장), 정태근(기), 곽청규(계),

      부원 - 김대석, 박경춘, 김철우, 백상인, 박상목,

         김진호, 윤춘식, 여국현, 최승렬, 이신구

    (3) 선교부 : 김만우(장), 조　성(기),

      부원 - 신현국, 강위상, 임종수, 이승철, 이병구,

         이정건, 정태영, 구동철, 이윤태, 이기대

    (4) 교육부 : 변의남(장), 김병호(기),

      부원 - 원차희, 배명환, 김건용, 조영구, 하병석,

         박기흠, 최학량, 이은환, 김형국, 박정환,

         이명랑, 최병구

    (5) 신학부 : 강학근(장), 박흥배(기),

      부원 - 전성철, 김두식, 김진섭, 김용호, 박태관,

         박영돈, 최성은, 오교균, 박종성

    (6) 고시부 - 신현국(장), 박재철(기),

      부원 - 박수홍, 이유량, 박재영, 김용출, 장희선,

         김만우, 조봉환, 박대근

    (7) 규칙부 - 진학일(장), 박종창(기),

      부원 - 강상덕, 이강문, 강대찬, 정현구, 김종국,

         김창용, 김해진, 박종규, 유삼광, 이명구

(8) 섭외부 - 최영호(장), 윤대식(기),

　　부원 - 한 무, 장성태, 곽상덕, 주요한, 방도호, 손성기,

　　　　　이호권, 하성만, 권오성, 곽성식, 우수관

(9) 출판부 - 정병일(장), 김은태(기),

　　부원 - 하청조, 박승순, 김창년, 이성재, 김정락,

　　　　　이은성, 박승철, 박영철, 이효교, 최만규,

　　　　　김정식, 지준옥

(10) 은급부 - 김원호(장), 윤덕곤(기), 이명학(계),

　　부원 - 김원호, 김기석, 윤덕곤, 박순철, 배봉규,

　　　　　곽기영, 김규화, 윤원환, 송경식, 이명학,

　　　　　박찬국

(11) 재정부 - 양봉현(장), 신종문(기),

　　부원 - 전병국, 홍인석, 박은생, 박석현, 김준웅,

　　　　　강재현, 김익범, 홍준량, 임무송, 변종원,

　　　　　백남태

2) 상임위원

　　(1) 자문위원 - 한명동, 조문봉, 이기진, 정필흠, 고필균,

　　　　　　　　　전재린, 이근삼, 박현진, 전은상

　　(2) 기획위원 - 강위상(장), 윤정태(기), 박재영, 신현국,

　　　　　　　　　김만우, 김용출, 임종수, 변의남, 각노회장

　　(3) 신학교 운영위원회 - 기획 위원회

　　(4) 유사 기독교 연구위원회 - 신현국(장), 이유량(기),

　　　　　　　　　　　　　　장희선, 임종수, 조봉환,

구자경, 윤정태

(5) S.F.C. 위원회 – 김만우(장), 권오성(기), 조성, 박대근,

　　　　　　　 이유량, 김병호, 홍인석, 정태영,

　　　　　　　 김창연, 배봉규

(6) 차세대 교육위원회 – 우영종(장), 이은환(기), 김은태,

　　　　　　　 전병국, 김철우, 이은환, 윤덕곤,

　　　　　　　 정태영

(7) 헌법 제정 위원회 – 박재영(장), 조봉한(기), 임종수,

　　　　　　　 신현국, 김용출, 조성

3) 본국 친선 사절단 인사

　본국 총회장 임종만 목사가 성경 창 49:2절을 봉독하고 "요셉이 받은 축복"이라는 인사 말씀을 하다.

　본국 총무 심군식 목사가 "고신인의 정직성과 21C 선교 정책 연구위원회 조직"에 대한 인사 말씀을 하다.

　제4차 고신 세계 선교 대회 회장 유환준 목사(대만 선교사)가 "제4차 고신 세계 선교 대회"에 대해서 인사 말씀을 하다.

　은퇴목사 전은상 목사가 첫 총회 참석차 인사 말씀을 하다.

　본국 고신 언론사 사장 정금출 장로가 제 13회 재미 총회 기사를 월간고신과 신문에 기사화 할 것을 약속하는 인사 말씀을 하다.

　본국 고신 언론사 해외 담당 이용기 장로가 인사하다.

　휴스톤 교회 협의회 부회장 박청수 목사가 인사하다.

4) 선교사 보고

  (1) 브라질 아마죤 평신도 선교사 남정임 선교사가 선교보고
    를 하다.

  (2) 아르헨티나 윤춘식 선교사가 선교보고를 하다.

  (3) 브라질 변의남 선교사가 선교보고를 하다.

  (4) 파라과이 김기석 선교사가 선교보고를 하다.

  (5) 대만 선교사 윤환준 선교사가 선교보고를 하다.

5) 중요 결의 사항

  (1) 헌법 제정 위원회

    가. 신앙고백, 대소 요리문답, 권징조례, 예배 모범은 본
      국 헌법을 따르도록 하고 교회 정치와 헌법적 규칙은
      수정된 원안대로 가결하다.

    나. 헌법을 한글과 영문으로 번역 출판하기로 가결하다.

  (2) 기획 위원회

    가. 캐나다노회, 서부노회(LA, 아리조나, 유타), 북서부노
      회(샌프란시스코, 오레곤, 와싱톤) 분립키로 가결하다.

    나. 각지역 신학교 명칭을 '재미 고려 신학대학원'으로 하
      되 괄호 안 각 지역 명칭(동부, 서부, CA)을 넣어 사용
      하고 영어 명칭은 그대로(Korea Theological
      Seminary in America (East, West, CA)로 하기로
      가결하다.

    다. 재미 고려 신학대학원(동부) 장소문제는 박재영, 김만
      우, 임종수 목사에게 일임하기로 가결하다.

라. 재미 고려 신학대학원 졸업생 중 여학생에게는 여전도사 자격을 부여하기로 가결하다.

마. 신학교 졸업식은 총회 장소에서 하는 것을 원칙으로 하되 해당 신학대학원의 특수 사정이 있을 경우에는 신학 운영 위원회의 허락을 받아서 하기로 가결하다.

〈분립 노회 조직〉

캐나다노회 : 노　회　장 - 김용출 목사,
　　　　　　부노회장 및 서기 - 송경식 목사,
　　　　　　회　　　계 - 이기대 장로

북서부노회 : 노　회　장 - 장희선 목사,
　　　　　　부 노 회 장 - 손창호 목사,
　　　　　　서　　　기 - 정태근 목사,
　　　　　　부　서　기 - 정삼식 목사,
　　　　　　회 록 서 기 - 박승순 목사,
　　　　　　부회록서기 - 양봉현 목사,
　　　　　　회　　　계 - 신종문 장로,
　　　　　　부　회　계 - 최용표 장로.

(3) 교육부

가. 총회 산하 각 교회에서 1년 동안 교육자료를 모집하여 교회에 보급하기로 가결하다.

나. 21C 교단 교육 정책과 교단 홍보 자료 제정을 가결하

다.

(4) 선교부

　가. 김준웅 목사를 본인 면담 후 선교사로 인준 하기로 가
　　　결하다.

　나. 재미 총회 선교사 명단을 본국 총회 선교사 명단에 등
　　　재해 주실 것을 본국 총회에 요청하기로 가결하다.

　다. 제4차 고신 세계 선교 대회 강사진에 신현국 목사, 박
　　　재영 목사를 포함시켜 줄 것을 임원회에 요청키로 하
　　　고 부담금 $1,000.00을 내는 교회는 김용출 목사, 강
　　　위상 목사, 신현국 목사, 김만우 목사, 배명환 목사,
　　　박재영 목사, 임종수 목사, 최성은 목사 시무 교회로
　　　하며 $200.00을 내는 교회는 정병일 목사, 조봉환 목
　　　사, 구자경 목사, 손창호 목사, 장희선 목사로 하고 그
　　　외 교회는 $100.00 이상으로 가결하다.

(5) 전도부

　가. 1차 5개년 계획의 일환으로 200개 교회 운동을 시작
　　　하기로 하고 그 일환으로 각 시찰이 1년에 1교회 이상
　　　개척 지원하고 매 총회에 보고하도록 가결하다.

　나. 미주 내 개척교회와 한국교회와의 자매 결연을 추진하
　　　기로 하고 본국 교단 총무와 협의 하기로 가결하다.

　다. 중남부 노회가 달라스에 개척키로 한 교회의 재정 청
　　　원은 총회 산하 교회들이 적극적으로 협력하도록 하고
　　　재정 지원은 신종문 장로가 매월 $500.00씩 지원하기
　　　로 하며, 휴스톤 한빛장로교회, 아틀란타 염광장로교

회, 휴스톤 소망교회가 지원하도록 가결하다.

라. 본국 언론사 사장 정금출 장로가 본국 교회가 미주 개
척교회를 위하여 협조할 수 있도록 언론에 홍보하기로
약속하다.

(6) 행정부

가. 선교사가 선교사를 파송한 노회에 속한 교회의 당회장
직은 선교사의 직무에 전담케 하기 위하여 이중 당회
장 직은 허락지 않도록 가결하다.

나. 은퇴목사 회원권은 지난 12회 총회 결정(자문위원)대
로 시행하도록 가결하다.

(7) 고시부

가. 목사고시 전과목 합격자 : 박일용, 전준영, 박용선,
곽성덕, 기동연, 황태학은 가결하다.

나. 박종민, 김영철씨는 다음 노회에서 안수 받기 전에 설
교 시험을 해당 노회에 일임하여 재실시하기로 가결하
다.

(8) 은급부

가. 본국 은급재단에 가입하는 방안은 본국 은급재단 규정
에 의하여 따르기로 가결하다.

나. 재미 총회 재단(은급) 단독 설립 방안 둘 중에 하나를
채택해서 자세하게 연구하여 보고 하기로 가결하다.

(9) S.F.C.

가. 학생 신앙 운동 미주 지역 20주년 전국 대회를 허락하
기로 가결하다.

나. 전국 대회를 위한 개인 및 교회의 후원 요청은 허락하기로 가결하다.

다. 대회 조직에 불필요한 자문위원이나 지도위원은 삭제하기로 하고 실제로 운영하는 학생들의 이름을 포함하도록 가결하다.

(10) 섭외부

가. 본 총회와 친교 관계가 있는 사절단에 대하여 효율적인 홍보와 접대 활동을 하기로 가결하다.

나. 인터넷 홈페이지 운영을 지속하도록 가결하다.

(11) 차세대 운영 위원회

가. 차세대 교육 위원회 위원을 보강하기로 가결하다 (우영종, 이은환, 김은태, 전병국, 김철우, 윤덕곤, 정태영, 홍인석).

나. 영어권 총대들이 참가 할 수 있는 방안을 위한 연구를 하기로 가결하다.

(12) 재정부

가. 오레곤 삼일교회를 위하여 남미노회, 캐나다노회는 $100.00씩 그 외 노회는 $200.00씩 전도부로 보내어 보조하기로 가결하다.

나. 총회 회비는 세례 교인 1인당 $15.00로 증액하기로 가결하다.

다. 1997년도 결산보고 : 예산-$19,348.00
지출 -$17,846.00
잔액-$1,118.00은 받기로 가결하다.

라. 1998년도 예산 : 예산-$32,568.00은 유인물 대로 받
　　기로 가결하다.
(13) 출판부
　목사 회원 ID 제작을 하도록 가결하다.
(14) 기획위원회
　가. 본 교단에 소속한 목사, 장로(은퇴 포함)는 재미 고려
　　　신학 대학원의 실행 이사가 될 수 있도록 가결하다.
　나. 본 총회는 세 신학대학원에 각각 년 $2,000.00을 지
　　　원하기로 가결하다.
　다. 아르헨티나 윤춘식 선교사에 대한 신상문제(재정 출
　　　납)는 기획위원회에 일임하여 처리하기로 가결하다.
(15) 규칙부
　제5장 12조 노회 조직은 동부, 서부, 서북부, 중남부, 캐나
　다, 남미노회로 수정하기로 가결하다.
(16) 기타안건
　서부노회장 송영준 목사가 질의한 신앙고백(사도신경) 자
　체가 성경적으로 볼 때에 오류가 있는지 우리교단의 입장
　요망에 대한 질의에 대해서는 총회의 허락으로 총회장 강
　위상 목사는 다음과 같이 선포하다. "재미 예수교장로회
　총회는 사도신경은 성경에 교리를 요약한 것으로 전혀 오
　류가 없으며 보수주의 정통교회의 공동고백임을 선포합니
　다"로 질의에 해답하다.
(17) 차기 총회 장소
　차기 총회 장소는 캐나다 토론토 제일장로교회(김용출목

사 시무)로 하며 동부노회가 회원 접대에 협조하도록 가결
하다.

주후 1997년 11월 10일

총회장 강위상 목사
서 기 윤정태 목사

제14회
재미 한인 예수교 장로회
총회 촬요

일시 : 1998년 10월 27일(화) – 10월 30일(금)

장소 : 아틀란타 염광장로교회(5511 Willians Rd. Norcross, GA 30093)

회원 : 목사회원 – 80명, 장로회원 – 17명, 자문위원 – 7명, 총회원 – 104명

1. 총회임원

    총　회　장 : 임종수 목사

    부 총 회 장 : 변의남 목사, 장희선 목사

    서　　　기 : 윤정태 목사

    부　서　기 : 구자경 목사

    회 록 서 기 : 이유량 목사

    부회록서기 : 우영종 목사

    회　　　계 : 임무송 장로

    부　회　계 : 류삼광 장로

2. 각부 조직 보고 : 아래와 같이 조직하다.

    1) 상비부

        (1) 행정부 : 강위상(장), 구자경(기), 최학량, 변의남,

손창호, 이승철, 우영종, 송경식

(2) 선교부 : 김만우(장), 조성(기), 이윤태(계), 최승열,
　　　　　손성구, 박기권, 서상목, 이명학, 이창우,
　　　　　고대천, 정일권

(3) 전도부 : 정병재(장), 정태근(기), 이정건, 윤춘식,
　　　　　박종규, 이기성, 김대석, 곽청규, 정성구,
　　　　　김철우, 이청강, 지준옥

(4) 교육부 : 배명환(장) 이석규(기), 원차희, 정태영,
　　　　　박일용, 정준영, 이병구, 김도원, 조영구,
　　　　　박기흠, 황태학

(5) 신학부 : 최성은(장), 박종성(기), 강학근, 김진섭,
　　　　　전성철, 김용훈, 김형국, 김두식, 고수영,
　　　　　강현구, 문병국

(6) 고시부 : 신현국(장), 이유량(기), 박재영, 임종수,
　　　　　장희선, 조봉환, 박대근, 박재철, 박종창,
　　　　　권오성

(7) 규칙부 : 박승순(장), 김창용(기), 윤원환, 김종국,
　　　　　이신구, 강남중, 박홍배, 이성재, 정현구,
　　　　　김해진, 박용선, 류삼광

(8) 출판부 : 정병일(장), 김은태(기), 이은성, 백승철,
　　　　　김정락, 박경춘, 오교균, 백상인, 김익범,
　　　　　김영철

(9) 은급부 : 김은호(장), 윤덕곤(기), 배봉규, 김기석,
　　　　　강대찬, 곽성식, 조성관, 한상구

(10) 재정부 : 최병구(장), 박찬국(기), 김진호, 전병국,
　　　　　　박은생, 박종민, 양봉헌, 박석현, 김준용,
　　　　　　강제현, 임무송
　2) 상임위원
　　(1) 자문위원 : 한명동, 조문봉, 이기진, 정필흠, 전재린,
　　　　　　이근삼, 박현진, 전은상, 김용백, 진학일
　　(2) 기획위원 : 임종수(장), 윤정태(기), 박재영, 신현국,
　　　　　　김만우, 강위상, 변의남, 각노회장
　　(3) 총회신학대학원이사회 : 강위상(장), 조봉환(기),
　　　　　　김만우, 최학량, 임종수, 장희선, 이유랑,
　　　　　　우영종, 송경식,
　　　　　　기관이사(신학교학장)
　　(4) 유사기독교연구위원회 : 신현국(장), 강재현(기),
　　　　　　박경춘, 이승철, 변의남, 이승철, 윤정태
　　(5) S.F.C. 위원회 : 박재영(장), 한기원(기), 이은환(기.영어
　　　　　　부), 박대근, 김창년, 홍인석, 이정근
　　(6) 차세대교육위원회 : 김용훈(장), 김창년(기), 박기흠,
　　　　　　김철우, 강현구, 손성수
　　(7) 섭외위원회 : 하청조(장), 최영호(기), 윤정태, 한　무,
　　　　　　주요한, 하성만, 윤대식, 방도호, 기동연,
　　　　　　곽상덕

3. 주요결의사항
　1) 행정부

(1) 본 교단에서 안수 받은 목사가 가능한 한 본 교단에서 목
회활동을 할 수 있도록 제안한 안건은 한 회기동안 연구
하여 발표하기로 가결하다.

2) 선교부

(1) 변의남 브라질 선교사는 교포선교를 위하여 선교사의 직
임을 사의하였으므로 받기로 가결하다.

(2) 황기수 장로와 전신자집사를 캄보디아 평신도선교사(전
문직)로 파송하기로 가결하다.

(3) 오석재 선교사를 미국내 스포츠 선교사로 파송하기로 가
결하다.

(4) 남미 페루, 브라질, 알젠티나, 파라과이 지역에 개체교회
가 단기 선교사를 파송하기로 가결하다.

3) 전도부

(1) 교단발전을 위하여 200교회 운동을 하되 1차 5개년 계획
은 각 노회의 협조를 얻어 각 시찰회가 1년 1개척교회를
세우기로 가결하다.

(2) 총회전도부 주관으로 켈리포니아 세크로멘토지역에 교단
교회를 개척하기로 하고 재정보조는 서부노회, 북서노
회, 중남부노회, 동부노회는 각각 $2,700.00 남미노회는
$1,200.00를 지원하기로 가결하다.

(3) 1999년 각 교회 예산책정시 국내전도를 위한 전도비를
별도로 책정할 일과 그리고 개척교회를 위해 각 교회가 1
년 1차 한 주일을 헌금하여 전도부로 보내도록 가결하다.

4) 교육부

(1) 교단산하 주일학교 교육의 일관성을 위하여 개 교회가 사용하고 있는 교재 및 자료들을 종합 분석하여 보고 하기로 가결하다.

5) 고시부

(1) 목사고시 전과목 합격자 : 김성민, 김은수, 구 일, 박승천, 이충근, 이인흠, 이기엄, 장재, 엄원섭, 정윤영, 장재훈, 홍준량, 홍문식, 박상희(이상 14명).

(2) 박상희 목사고시 합격자는 서부 고려신학교에서 교단 헌법 강의를 받도록 하며 교단 역사에 대한 논문을 제출하도록 하다.

(3) 목사고시에 합격한 자들은 해당노회에서 목사 안수를 받기 전에 노회원들 앞에서 한차례 설교하도록 하며 교단정신과 봉사에 대하여 면접하도록 하다.

(4) 목사고시 합격자들을 몇 교계지에 합격공고를 하기로 하다.

(5) 목사고시에 합격한자들의 목회 사역지를 해당노회가 알선해 주기로 하다.

(6) 목사고시에 시행규칙을 고시부로 하여금 제정하도록 하다.

(7) 내년도 목사고시 요강은 고시부에서 정하여 각 교회로 추후 서면으로 발송하도록 하다.

6) 규칙부

(1) 규칙 제2항 임원 및 부원 제7조 2항 2에 "신학교 운영 위

원회"는 "총회신학대학원 이사회"로 변경하도록 가결하다.

(2) 제2장 임원 및 부원 제4조에 총회 감사 3인을 삽입토록 가결하다.

(3) 제4장 임원의 임무 제12조 9항에 "감사는 총회의 모든 재정을 감사한다"로 삽입하기로 가결하다.

7) 출판부

(1) 출판된 98-99년도 교단주소록을 받기로 하다.

(2) 차기 총회 때부터 총회주소록은 총대원 외에는 $5.00이 하로 판매하기로 가결하다.

8) 은급부

(1) 목회자의 연금 및 단체 건강보험건은 총무가 1년간 연구하여 보고하기로 가결하다.

9) 재정부

(1) 98년도 총예산 $32,568.00 중

　　　　총수입은 $25,217.86이며

　　　　현 잔액은 $-1,149.86이며

　　99년도 총예산 $20,450.14로 한 안은 원안대로 받기로 가결하다.

4. 상임위원회 결의 사항

1) 기획위원회

(1) 상비부에 배정된 부원들의 임기를 3년조로 지키되 각 상임위원회의 임기는 5년을 넘지 않도록 한다.

(2) 총무제도를 신설하기로 가결하다.

(3) 초대 상임총무(무급)에 박재영 목사를 선출하다.

(4) 전권위원회보고(토론토제일장로교회문제)는 그대로 받기로 가결하다.

(5) 장로의 직무(헌법 제 5장 장로 제47조)와 당회의 직무(11장 당회 제85조)에 관한 사항은 기획위원회에서 1년간 신중히 연구 검토하여 보고토록 가결하다.

(6) 교단산하 교회 건축 기금 조성을 위하여 위원회를 구성하되

위원장-총회장 서기- 윤정태 목사,

위원은 최학량, 손창호, 이승철, 송경식, 박홍배 목사로 구성하기로 하다.

2) S.F.C. 위원회

(1) S.F.C. 재정을 감사로 하여금 감사케 하고 그 결과를 기획위원회에 보고토록하며 기획위원회는 각 교회에 보고하도록 가결하다.

(2) 동부 S.F.C. 대학,청년부 여름수련회를 1998년 6-7월 중에 하기로 가결하다.

(3) 서부지구 협동간사 5명(이은희, 구신희, 장우주, 최성렬, 반세환)과 중남부지구 간사 2명, 서부지구 간사 4명 청원은 허락하기로 하다.

(4) 2000년 S.F.C. 전국대회 여름수양회를 위원회로 하여금 사전 준비할 수 있도록 가결하다.

3) 총회신학대학원 이사회

(1) 남미신학교 명칭을 "남미 고려 신학대학원"으로 하되 설
   립준비위원회는

   위원장-변의남, 부위원장-최승렬,

   서 기-이정건, 부 서 기-김기석,

   회 계-배성학, 부 회 계-배봉규,

   위원-남미노회원으로 하도록 가결하다.

(2) 각 신학대학원 졸업식은 15회 총회부터 각 신학대학원의
   자율에 맡기기로 가결하다.

(3) 가주 고려 신학대학원 원장 이근삼 목사가 추진하고 있
   는 가칭 복음대학교(Evangelical University)는 교단인
   준 기독교대학으로 하고 대학교 인수 및 운영에 관한 모
   든 실무는 이근삼 목사에게 일임하기로 가결하다.

4) 차세대 교육위원회

(1) 1999년 총회 때 차세대 목회자들이 함께 모여 비젼을 나
   누고 차세대를 목회하기 위한 계획과 방법을 토의할 수
   있는 모임을 주선하도록 위원회에 맡기기로 가결하다.

(2) 1999년 총회의 차세대 목회자 모임을 준비하는 준비모임
   을 총회전에 모일 수 있도록 가결하다.

5) 섭외위원회

(1) ICRC는 가입하기로 하고 NAPAC에 회원가입은 먼저 옵
   져버를 파송하여 정확한 정황을 살핀 후에 가입여부를 결
   정하기로 가결하다.

5. 차기총회 장소 : 임원회에 일임하기로 가결하다.

1998년 11월 13일

총회장 임종수 목사
서 기 윤정태 목사

제15회
재미 한인 예수교 장로회
총회 촬요

자문위원 - 3명, 총회원 - 113명

일자 : 1999년 10월 26일(화) - 29일(목)

장소 : 씨애틀 한인 중앙장로교회(9807 26th Ave. S.W. Seattle, WA 98106)

총회 참석 인원 : 목사 회원 - 98명, 장로 회원 - 12명,

1. 총회임원

총　회　장 : 변의남 목사

부 총 회 장 : 장희선 목사, 조봉환 목사

서　　　기 : 구자경 목사

부　서　기 : 이유량 목사

회 록 서 기 : 우영종 목사

부회록서기 : 조　성 목사

회　　　계 : 백남태 장로

부　회　계 : 강사구 장로

2. 각부 조직 보고 : 아래와 같이 조직하다.

1)상비부

　(1) 행정부

　　　3년조 : @최학량, #손창호, 우영종, 이정건

　　　2년조 : 이승철, 송영준, 조성관, 배성학

　　　1년조 : 조봉환, 주요한, 조 성, 최병구, 박승순

　(2) 선교부

　　　3년조 : @김만우, 고태천, 류삼광, 윤영석, 김종묵, 윤대식

　　　2년조 : 방도호, 홍준양, 이기업, 이윤태, 김정식, 문성원

　　　1년조 : #최성은, 손성수, 정삼식, 국중일, 김성도

　(3) 전도부

　　　3년조 : @정병재, 정태근, 김대석, 곽청규, 문성출, 이인흠

　　　2년조 : #남요한, 윤춘식, 김철우, 박상목, 백상인

　　　1년조 : 이석규, 홍문식, 박기동, 정사랑

　(4) 교육부

　　　3년조 : 원차희, 배명환, 박일용, 정준영, 박승천, 박세규,
　　　　　　정윤영

　　　2년조 : #윤성환, 강현구, 김준웅, 박기흠, 황태학, 주원명,
　　　　　　구 일, 지영범

　　　1년조 : @권오성, 장 재, 엄원섭, 손스티브, 김성권,
　　　　　　박경춘, 김창년

　(5) 신학부

　　　3년조 : 강학근, 전성철, 김두식, 이기성, 한무

　　　2년조 : 변의남, 김용훈, 박태관, 고수영, 하영기

　　　1년조 : @하청조, #하성만, 강위상, 한기원, 박종규

(6) 고시부

　3년조 : @신현국, #이유량, 박재영, 박종창

　2년조 : 장희선, 박재철, 박대근

　1년조 : 구자경, 최승렬, 박홍배

(7) 규칙부

　3년조 : #조용해, 강남중, 김종국, 박종성

　2년조 : 김익범, 김창용, 김해진, 박용선

　1년조 : @송경식, 김도원, 이병구, 황은선, 이명랑

(8) 재정부

　3년조 : @박은생, 전병국, 이충근, 이선춘, 이호권

　2년조 : 양봉헌, 박석현, 김준용, 강재현, 배태환

　1년조 : #백남태, 곽성식, 회　계, 오교균, 한상구

(9) 출판부

　3년조 : 정병일, 김은태, 김영철, 이은성, 최병걸, 이학재

　2년조 : #백승철, 김정락, 김은수, 박 훈, 윤정태, 홍인석

　1년조 : @이신구, 강상석, 손성기, 박상희

(10) 은급부

　3년조 : @김원호, 윤덕곤, 김기석, 김창용, 윤성환, 이승옥

　2년조 : #박순철, 배봉규, 이강문, 강대찬, 박명문

　1년조 : 박수홍, 구연기, 기동연, 김진호, 오상기

2) 상임위원

　(1) 자문위원 : 한명동, 조문봉, 이기진, 정필흠, 고필균,

　　　　　　　전재린, 이근삼, 박현진, 전은상, 김용백, 진학일

(2) 기획위원 : 총회장, 서기, 전직 총회장, 각 노회장

(3) 총회 신학교 이사회 : @강위상, 김만우, 변의남, 최학량,
#조봉환, 장희선, 이유량, 우영종,
송경식,
기관이사(이근삼, 박재영, 신현국)

(4) 유사 기독교 연구위원 : @신현국, 변의남, 이승철, 조 성,
#박경춘, 강재현

(5) SFC위원 : @박재영, 최학량, #한기원, 박대근, 강학근,
이정근, 이은환, 홍인석, 김창년, 정태영, 이창우

(6) 섭외위원 : @조성관, 전성철, 한 무, 윤정태, #최영호,
하성만, 윤대식

(7) 차세대 교육위원회 : @김용훈, #김창년, 박기흠, 김철우,
강현구, 손성수, 정태영, 이은환,
홍인석, 이학재

3. 주요결의 사항

1) 행정부

(1) 기획위원의 임무

＊본회의 정책과 기획 및 공천 임무(총회 임원만 공천)를 담
당한다.

＊노회 분립 합병의 입안 및 기획

＊교단 재산 관리의 기획

＊본 교단과 타교단과의 교류에 대한 기획

＊국가 정책에 대한 교단의 입장에 관한 정책 수립

(2) 임원회의 임무

　＊상비부와 상임위원의 공천

　＊비회기 기간에 일어난 총회장 외 임원의 사표수리

　＊비회기 중에 일어나는 대내외적인 행정적 제반 업무를 담
　　당장로 부총회장 제도는 기획위원회에 일임하여 1년 동안
　　연구보고토록 하다.

2) 전도부

(1) 1차 5개년 전도계획(1997-2001), 200 교회 운동의 일환으
　로 시작한 각 시찰회가 1년에 한 교회씩 의무적으로 개척키
　로 한 것을 계속 실시하기로 하다.

(2) 전도부 주관으로 다음 회기까지 1개 교회를 개척하도록 하
　다.

　＊개척 청원자 - 지원자를 받아 추후 결정

　＊재정 보조 - 매월 $1500 씩 1년간 보조

　＊재정 청원 - 각 노회 재정 요청은 아래와 같이 하도록 한
　　다.

　　남미노회 : $100, 동부노회 : $350,

　　북서노회 : $300, 서부노회 : $350,

　　중남부노회 : $300, 캐나다노회 : $100

　＊총회 전도 주일 제정

　　총회 산하 각 교회는 3월 5일(3월 첫 주일)에 총회 전도주
　　일로 정하고 특별헌금을 하여 전도부로 보내기로 가결하
　　다.

3) 교육부

(1) 총회 산하 각 교회가 사용하고 있는 성경 공부 교재(유년
부-장년부)를 비교 검토한 후 다음 총회 때까지 커리큘럼을
작성하여 발표하기로 하다.

(2) 총회 산하 각 교회의 교육 실태 파악을 위한 앙케이트 조사
를 실시하기로 하다.

4) 선교부

(1) 남미 노회장 변의남 목사가 청원한 김준웅 목사 재정 후원
요청은 매월 500불씩 후원하도록 하다.

(2) 과테말라 한인교회 개척예배(류윤욱 목사 개척)는 선교부
서기 최성은 목사를 보내어 축하하도록 하다.

(3) 페루에서 개척된 페루 한인교회 담임에 방도호 선교사를 설
교 목사로 파송하도록 하다.

(4) 총회 산하 선교사들의 보조는 선교부를 경유하든 직접하든
선교부로 보고하도록 하다.

(5) 아르헨티나 선교사 후보생 김 전도사를 위하여 년 $1200을
장학금으로 지출키로 하다.

(6) 남미 김기석 선교사가 청원한 현지인 신학교를 위한 교단
부담금 $150을 매월 지불하도록 하다.

5) 신학부

(1) 본 교단의 개혁주의 신학과 순교 신앙의 전통을 각 교회에
뿌리 내리기 위하여 교육 과정의 통일성을 기하기로 하다.

(2) 현재 미국 내에서 사용되는 주교교재를 신학적으로 검토하
기로 하다.

6) 고시부

고시 합격자 : 김시영, 강성수, 방성준, 이응도, 장형천,
정진호, 진신덕, 한윤구(8명)

단 김시영, 강성수, 방성준, 이응도, 장현천, 정진호, 진신덕,
한윤구 전도사는 해당 노회에서 안수를 받기 전 노회원 앞에
서 7분 설교를 하도록 하다. 강성수, 이응도, 장현천, 진신덕
전도사는 주해를 보강하여 총회 고시부에 제출하도록 하다.
방성준 전도사는 가주 고려 신학대학교에서 한 학기 수강하
도록 하다. 장형천 전도사는 재미 고려신학교에서 한 학기
수강하도록 하다. 추덕엽, 하원식 전도사는 목회학, 예배 지
침, 교회사 3과목을 16회 총회시에 치르도록 하다.

*고시 응시자격 : 총회 직영신학교(한국포함)와 총회가 인
정하는 신학교 졸업(M.Div.)로 한다.

*목회 안수 : 목사 고시에 합격된 자로 본 교단 노회에 속한
당회장의 지도를 1년 이상 받은 자로 한다(단 졸업 후 1년
이상 된 자로 한다).

목사고시는

a) 논문제목 : "21세기를 대비할 개혁주의 교회의 선교 전략(부
제: 선교 운동의 장애요인들, 선교정책의 문제점, 새로운 선
교전략) 20page이상, 참고도서 30권 이상

b) 주해 : 눅 10:30-37 10page 이상, 참고도서 20권 이상

c) 설교본문 : 고전 10:1-4(7분 분량)

d) 목사 고시 응시료 : 1인당 $100

7) 출판부

총대원 설교집 발간하기로 하다

1) 예산 인원 : 40-50명

2) 발간비 : 1인당 $100(설교 1편)

3) 참가한 분 1인당 20권 증정

4) 교단 소속 목사 ID Card를 발급하기로 하다.

8) 규칙부

비상노회로 기록한 용어를 임시노회로 정정하여 표기하기로
하다.

9) 전도부

지난 회기 중 개척된 교회

남미노회 : 1) 고신 세계 선교 교회(페루 리마): 방도호 목사

2) 알데이아 다 세라 교회 : 손성수 목사

동부노회 : 1) 브니엘 제일 장로 교회 : 한무 목사

2) 뉴욕 염광 장로 교회 : 정진호 전도사

서부노회 : 1) 다운 타운 교회 : 정사랑 목사

2) 초원 교회 : 국중일 목사

3) 정금 장로 교회 : 남요한 목사

4) 가주 주님의 교회 : 박상목 목사

캐나다노회 : 1) 아름다운 장로 교회 : 하영기 목사

중남부노회 : 1) 캐리 사랑의 교회 : 강대찬 목사

2) 나사 장로 교회 : 김성권 목사

10) 은급부

연금 및 단체 건강보험 건은 총무가 1년간 연구하여 보고하
기로 하며, 은급부장의 이름으로 담임 목사의 은급 문제를 각 교
회에 서신으로 알려주기로 하다.

11) 재정부

2000년도 재정 예산으로 수입 예산은 317,623.97과 지출 예산은 317,623.97불로 하는 안을 채택하되 총회 산하 기간 예산을 책정하여 서기에게 제출하면 회원에게 발송하도록 하다.

12) SFC

＊총회 산하 각 교회의 학생회 명칭을 SFC로 통일해 주실 것

＊2000년 전국대학생대회를 위하여 각 교회가 한 주일 헌금 하기로 하다.

13) 감사보고

교단 산하 모든 Account는 본 교단 총회 Federal Number 를 사용하도록 하다.

14) 총회신학교 이사회

(1) 복음대학교는 개혁주의 세계교회건설과 미주 고신 운동 의 일환으로 재미 고신 총회 산하의 기독교 대학으로 한 다.

(2) 재미 고려 신학대학원(동부, 서부, 가주)은 총회 직영 신 학대학원으로 운영하되 복음대학교와 학사 연결을 한다.

(3) 복음대학교 이사회는 1만 불 이상 후원자(후원자 중 2명 은 총회 파송 이사)로 구성한다.

(4) 총장은 복음대학교 이사회가 선출한 자를 총회가 인준함 으로 임명된다.

(5) 총회 파송 이사 : 최학량, 조봉환

(6) 3개 직영신학교(동부, 서부, 가주) 학사보고를 이사회에 필히 보고하도록 하다.

(7) 총회 직영 신학교 운영 활성화를 위해서 총회 산하 노회장은 후원회 회장이 되고 목사, 장로는 자동회원이 되며 조직책은 노회장이 맡기로 하다.

(8) 각 학교의 졸업반 학생은 마지막 학기에, 한 주간 강의를 복음대학에서 수강하도록 하다.

15) 기획위원회

* 노회 활동회원을 회원(활동 회원만 노회에서 총회에 보고)으로 한다.

* 헌법 제6장 장로 제47 '장로의 직무'와 제11장 85조 '당회의 직무'는 그대로 두되 해석이 필요할 시 정치 문답 조례와 한국 헌법(장로의 직무, 당회의 직무)을 준용한다.

* 재단 재산 관리는 총무가 1년간 연구하여 보고하도록 하다.

* 개교회 재산은 총회 이름으로 등록함은 원칙으로 하되 개교회 사정에 따라 점차적으로 하기로 하다.

* 총회장이 임기 기간에 본국 또는 타 교단으로 목회지를 옮길 경우 엄중 문책하기로 하다.

16) 선교사 보고

파라과이 김기석 선교사, 김철우 미 포병 군목, 오석재 스포츠 선교사, 브라질 배성학 선교사, 브라질 김진호 선교사, 파라과이 최성렬 선교사, 페루 방도호 선교사가 선교 보고를 하다. 남정임 선교사가 서면 선교보고를 하다.

17) 차세대 교육위원회

   (1) 2000년 총회까지 헌법을 영어로 번역하기로 하다.

   (2) 영어권 회원과 홍보를 위해 영어로 된 교단 소개 Brochure를 발간하기로 하다.

   (3) 영어권 목사 고시 응시자들을 위해 영어로 시험을 칠 수 있도록 고시 질문과 자료들(교단 정신, 계승의 자료들)과 필수과목들을 영어로 제공하도록 하다.

   (4) 2000년 총회시 2세 회원을 위해서 동시 통역을 시행하도록 하다.

   (5) 2000년 총회시 금요일 2세들 위한 세미나를 가지기로 하다.

18) 섭외 위원회

   인터넷 홈페이지 운영을 위하여 전문 운영 위원을 위촉하도록 하다.

19) 유사기독교 연구 위원회

   Vineyard 운동에 대한 이단성 여부 평가는 산하 각 노회 개최 전에 연구하여 발표하도록 하다.

20) 신안건 토의

   (1) 2000년 고난 주간에 성찬식 참여 인원을 각 노회 서기가 집계하여 총회 서기에게 보고하도록 하다.

   (2) 총회 총무활동비를 총회예산에 6000불을 계정하도록 하다.

21) 차기총회 장소와, 남은 부분의 회의록은 임원회에 일임하기로 가결하다.

1999년 10월 28일

총회장 변의남 목사
서   기 구자경 목사

제16회
재미 한인 예수교 장로회
총회 촬요

일시 : 2000년 10월 24일-27일

장소 : 로뎀장로교회당(2341 W. Lincoln Ave Anaheim, CA92801)

총회 참석 인원 : 목회회원 105명, 장로회원 13명, 자문위원 8명, 총회원 125명

1. 총회임원

   총 회 장 : 장희선 목사

   부 총 회 장 : 조봉환 목사, 최학량 목사

   서　　기 : 구자경 목사

   부 서 기 : 이유량 목사

   회 록 서 기 : 조 성 목사

   부회록서기 : 전성철 목사

   회　　계 : 백남태 장로

   부 회 계 : 이명학 장로

2. 각부 조직보고(상비부 및 상임부서)

  1) 상비부

＊@=부장, #=서기
＊ 3년조는 내년에 다른 부서로 옮기게 됩니다.

(1) 행정부

　　3년조=#손창호, 최학량, 우영종, 이정건.

　　2년조=@최병구, 조봉환, 주요한, 조 성, 박승순, 이병록.

　　1년조=배봉규, 이강문, 강대찬, 박명문, 양봉현

(2) 선교부

　　3년조=@김만우, 김종묵, 윤대식, 정진호, 최영호

　　2년조=#최성은, 손성수, 배명환, 박석현, 이창우, 김성도

　　1년조=조성관, 이윤태, 배성학, 장성환, 김시영, 정태영,
　　　　　박경춘, 손영식

(3) 전도부

　　3년조=@곽청규, 정병재, 이인흠, 곽청규, 문성출, 이은환

　　2년조=#정사랑, 홍문식, 이석규, 박정준, 한기태

　　1년조=방도호, 홍준양, 한영근, 김정식, 문성원, 조현아,
　　　　　박수홍.

(4) 교육부

　　3년조=@박대근, 원차희, 박세규, 정윤영

　　2년조=#김종국, 권오성, 장재, 엄원섭, 손스티브, 김성권,
　　　　　김창년, 이응도.

　　1년조= 윤춘식, 김철우, 박상묵, 백상인, 한윤구, 황인철,
　　　　　정준영, 주원명, 박일용

(5) 신학부

　　3년조=#전성철, 이기성, 한 무, 박영서, 김강일

2년조=@하청조, 한기원, 박종규, 하성만, 김병호, 김용운

1년조=김준웅, 박시흠, 황태학, 구 일, 지영범,

　　　이보민, 오교균.

(6) 고시부

3년조=박재영, #이유량, 박종창

2년조=@신현국, 최승열, 박승배, 구자경, 윤정태

1년조=이승철, 전병국, 김용훈, 장희선

(7) 규칙부

3년조=박종성, #조용해, 서상원, 진신덕, 박재철, 이병록

2년조=@송경식, 김도원, 이병구, 황은선, 이명랑, 박치홍

1년조=박태관, 고수영, 하영기, 박철홍, 김성우, 박정환

(8) 재정부

3년조=@박은생, 지준옥, 임무송, 문병국, 장가원

2년조=#곽성식, 한상구, 백남태, 김창용, 남성호, 박정석

1년조=김익범, 김해진, 박용선, 임익성, 곽성덕, 이효교

(9) 출판부

3년조=정병일, 김은태, 김영철, 이은성, 최병걸, 정성태

2년조=@이신구, 강상석, 손성기, 박상희, 김종명, 손신달

1년조=#박순철, 송영준, 강재현, 김준용, 임민재, 방성준,

　　　강남중

(10) 응급부

3년조=@김원호, 윤덕곤, 김기석, 김창용, #윤성환,

　　　이승옥, 정윤영

2년조=기동연, 김진호, 배필규, 김신종, 이명확, 남요한,

박기동, 조대성

1년조=김정락, 김은수, 백성철, 홍인석, 박 훈, 이정강,
변의남

2)상임위원

(1) 자문위원 : 한명동, 조문봉, 이기진, 정필흠, 고필균,
전재린, 강위상, 이근삼, 박현진, 전은상,
김용백, 진학일, 류윤욱

(2) 기획위원 : 총회장, 서기, 직전총회장, 박재영, 신현국,
김만우, 각 노회장

(3) 총회신학교 이사 : @김만우, 최학량, #조봉환, 장희선,
이유량, 우영종, 송경식.

(기관이사 : 이근삼, 박재영, 신현국)

(4) 유사기독교 연구위원 : @신현국, 조성, #강재헌, 이유량,
최성은

(5) S.F.C. 위원 : @박재영, 김만우, 최학량, 전성철, 하영기,
배봉규, #구자경(각 노회 S.F.C. 간사로 구성
한다. 전국간사=김창년 목사, 총무: 김수진)

(6) 섭외위원 : 조봉환, 조성관, @윤정태, #한 무, 전성철,
이윤태

(7) 차세대 교육위원회 : @윤덕곤, 김용훈, 김창년, 강현구,
최병걸, 손성수, 정태영, #홍인석,
박홍배, 이은환, 정준영, 배필규
(그 외 2세 목사)

3. 주요 결의 사항.

  1) 전도부

    (1) 총회전도주일헌금을 (9월 첫째주일) 1년에 1차 하기로 하다.

    (2) 총회시 전도 특강을 하기로 하다.

  2) 신학부

    (1) 내년 총회시 교단역사성을 알리기 위하여 교회사 교수를 강사로 청하기로 함

  3) 선교부

    (1) 지영범 목사를 큐바 선교사로 인준하고 사역의 전초기지로 플로리다에 스패니쉬 교회를 개척하기로 하다(생활비는 각 노회에서 지원. 한국과의 관계정리)

    (2) 2001년 3월 중 각 교회 선교부장을 중심으로 선교 세미나를 개최키로 함.

    (3) 남미 선교지 확장을 위하여 멕시코에 선교사를 파송하기로 하다.

    (4) 총회 선교를 활성화하기 위하여 산하 교회는 자체 선교비 외에 교회 형편에 따라 월 $50, $100, $150을 책정하기로 하다.

  4) 고시부

    (1) 문재석, 김인호, 최세훈, 김성수 이상 4명은 목사 임직을 소속 노회에서 받기 전에 노회원 앞에서 설교 한 후 목사 임직토록 함.

(2) 김용진, 하원식, 추덕엽, 윤정용, 배상황, 권병우, 김현수, 이상은 총회 고시부가 주는 설교 본문 : 골1:24-29을 가지고 소속 노회 고시부에서 설교 시험을 거처 임직하게 한다.

(3) 목회학 김병원 목사 저(개혁주의 신행협회 발행)을 읽고 2001년 4월까지 총회 고시부에 보고하도록 한다.

(4) 2001년도 목사고시 요강

   1) 논문제목 : 그리스도의 몸된 교회의 통일성(참조성구 고전 12:27-31, 골1:18, 엡1:22-23)

   2) 주해 : 엡4:1-6

   3) 설교 : 히12:12-27

5) 출판부

(1) 2000년 총회기념 설교집 발간을 계속 진행하기로 하다.

(2) 목사 I.D. 발행을 계속하기로 하다.

(3) 총회 주소록에 교단 산하 교회의 광고를 게재키로 하다.

6) 은급부

(1) 각 교회의 담임목사의 사례의 10%를 매월 투자은행 (First Investors Corporation)에 저축하여 은퇴할 때 지급하는 것을 연구하여 교회에 통보하기로 하다.

7) 교육부

(1) 현재 시중에 나와있는 성경공부 커리큐럼을 조사하여 각 교회에 보고키로 하다.

(2) 교단 교회에서 사용하고 있는 성경교재를 파악키로 하다.

(3) 내년 총회시에 개혁주의 신앙과 신학 세미나를 하기로 하다(강사:이근삼 박사).

(4) 박재철 목사를 1년간 교육부 자료 연구원으로 허락하다.

8) 차세대 교육위원회 사업계획은

(1) Internet-Website를 영어로 작성하기로 하다.

(2) 고신 교회 안에 Net-Work을 위한 영어 목회권의 주소록을 작성하기로 하다.

(3) 차세대 사역 목회를 위하여 알리는 세미나를 총회 기관 중에 하기로 하다.

(4) 차세대 목회자들을 위한 세미나를 Grand Canyon에서 모이기로 하다.

(5) 차세대 개척 교회를 추진하도록 허락하다.

9) 섭외 위원회 : 한국 사절 숙소 및 안내를 하기로 하다.

10) 기획위원회 보고

(1) 장로 부총회장 제도는 총회규칙 제2장 5조 임원선거의 부회장 장인 1인을 삽입하기로 하다.

(2) 본회의 상임총무는

1. 총무의 임기는 2년으로 하고 1차 연임할 수 있다.

2. 총무의 규칙 제2장 제6조 상임위원회 안에 상임총무를 삽입하기로 하다.

3. 총무의 직무는 : 교단발전을 위하여 재정 마련을 위하여 연구 실행한다. 교단내의 교회가 교회당을 건축할 때 전국 교회 성도들 1인당 $5.00씩 헌금하여 도와준다. 본 교단 산하의 교회재산의 안정적인 유지를 위하

여 본 교단 재단에 가입토록 한다. 전도부와 협력하여
본 교단의 교회가 없는 곳을 선정하여 교회를 개척하게
한다. 타 교단과의 관계를 담당한다.

11) 본 교단의 총회장과 부 총회장 선출을 위한 기획위원회의 내
규

1) 본 교단에서 10년 이상 된 자로 한다.

2) 교회가 본 교단에 가입한지 5년 이상 된 교회의 시무자로
한다.

3) 반드시 노회장을 역임한 자로 한다.

4) 교단 총회 임원으로 2년 이상 봉사한자로 한다.

5) 부 총회장은 학교 기수 연령순을 참작한다

12) 본 교단은 NAPAK 회원에 가입하도록 한다.

13) 규칙 변경을 결정하다.

1) 규칙 제2장 5조 부회장에 목사 1인 장로 1인으로 변경할
것을 2/3 찬성으로 가결하다.

2) 상임 총무의 관한 규정은 임기를 2년으로 하고 연임 할 수
있으며 상임위원안에 두기로 하는 안을 2/3의 찬성으로
가결하다.

14) 제17회 총회 목사고시 요강

(1) 논문제목 : 그리스도의 몸 된 교회의 통일성(고전12:27 -
31, 골1:18, 엡1:22-23참고)

(2) 성경주해 : 엡4:1-6

(3) 고시설교 : 히12:12-27

15) 재정부에서 보고 한 후 각 노회의 미불금은 신년도 노회 부

담금에 합산하기로 가결하다

16) 다음 총회장소는 훼드를 웨이 중앙 장로교회(북서부노회)로 가결하다.

2000년 10년 26일

총회장 장희선 목사

서 기 구자경 목사

제17회
재미 한인 예수교 장로회
총회 촬요

일시 : 2001년 10월 30일-11월 1일

장소 : 훼드럴웨이 중앙 장로교회당

(37427 28Th AVE S.Federal Way WA98003)

총회 총대 참석 : 목사 회원110명, 장로 회원 15명, 총회원 125명

1. 총회임원

　총　회　장 : 조봉환 목사

　부 총 회 장 : 최학량 목사, 백남태 장로

　서　　　기 : 구자경 목사

　부　서　기 : 이유량 목사

　회 록 서 기 : 조　성 목사

　부회록서기 : 전성철 목사

　회　　　계 : 이창우 장로

　부　회　계 : 김규하 장로

2. 각부 조직보고 (상비부 및 상임위원)

예문:부장=@, 서기=#, 회계=*, 부회계=**, 상비부 3년조 이동함,
상임위원 5년 후 이동

1) 상비부

　(1) 행정부

　　　3년조 : 최병구, 조봉환, @주요한, 조성, 박승순, (이병록)

　　　2년조 : 배봉규, 강대찬, 양봉현, 하원식, 김성수, 박명문

　　　1년조 : 최영호, 문성출, #전성칠

　　　　　자문위원 : 전은상, 이기진

　(2) 선교부

　　　3년조 : 최성은(상임), 손성수, 배명환, 박석현, (이창우,

　　　　　　김성도)

　　　2년조 : 조성관, 배성학, 장성환, 김시영, 정태영, 박경춘,

　　　　　　손영식,(*이윤태)

　　　1년조 : @구자경, #조현하, 이정건, 김기석, 김민관

　　　　　　(**신종문, 김종묵, 김규하)

　　　　　자문 : 정필흠

　(3) 전도부

　　　3년조 : 정사랑, #홍문식, 강학구, 이석규, 박정준, 한기태

　　　　　　(오상기, 이승철)

　　　2년조 : 방도호, 홍준양, 박수홍, 이희덕, 한영근, 김정식

　　　　　　(문성원)

　　　1년조 : 정진호, 한무, 박영서, @이은성, 이은환, 정병재,

　　　　　　정하태

　　　　　자문 : 박현진

(4) 교육부

　3년조 : 권오성, 손스티브, #김성권, @김창녕, 허세은

　　　　　김성수, 이응도, 김종국

　2년조 : 윤춘식, 김철우, 박상묵, 한윤구, 황인철, 정준영,

　　　　　주원명, 박일용, 백상인

　1년조 : 윤대식, 이인흠, 곽청규, 박재철, 최병걸, 박세규,

　　　　　장재, 엄원섭, 문태주

　　　　　자문 : 강위상

(5) 신학부

　3년조 : @하청조, 한기원, 박종규, 하성만, 김병호, 김용운

　2년조 : 김준웅, 황태학, 지영범, 이보민, 오교균, 김용진,

　　　　　강성대, 박시흠, 구　일

　1년조 : 최학량, 박대근, #박종창, 김강일, 이기성, 김용진

　　　　　자문 : 이근삼

(6) 고시부

　3년조 : @신현국, 최승열, 윤정태, 박재영, 박홍배, 이유량

　2년조 이승철, 전병국, 김용훈, 장희선

　1년조 윤덕곤, 손창호, 원차희, #우영종, 김만우

(7) 규칙부

　3년조 : 송경식, 김도원, 황은선, 김우선, 이병구, 박치홍,

　　　　　고수영, (이명랑)

　2년조 : 하영기, 김남장, 이해붕, 박승천, 박철홍, 김성우,

　　　　　박정환, 박태관

　1년조 : 이승옥, @김원호, 박종성, 서상원, 이병록,

(#조용해)

자문 : 진학일

(8) 재정부

3년조 : @이점태, 구연기, 남성호, 박정식, 곽광식(한상구,
백남태, 박찬국, 이종섭)

2년조 : 유병진, 장병일, 이광수, 장승태, 김익범, (김경고,
김경서, 전태진), 김해진, 박용선, 임익성, 곽상덕,
이효교, 회계, 부회계

1년조 : 정병일, 윤성화, 정삼식, 박은생, 문병국, #신성주,
*이창우 **김규하

(9) 출판부

3년조 : 이신구, #강상석, 박상희, 손신달, 손성기

2년조 : 송영준, 강재현, 방성준, 강남중, 최세훈, 박위림,
배상환, 김준용, 안민재

1년조 : @진신덕, 김창용, 정윤영, 장성태, 김은태, 김영철

(10) 은급부

3년조 : 김진호, 배필규, 남요한, 문재석, 박기동, 김신중,
(이명학)

2년조 : 김정락, 백승철, #홍인석, @박훈, 국중일, 추덕엽,
이청강

1년조 : 변의남, 김은수, 기동연, (임무송, 장가원)

자문 : 전재린

2) 상임위원

  (1) 자문위원 : 이기진, 정칠흠, 고필균, 전재린, 이근삼,
              박현진, 전은상, 김용백, 진학일, 강위상

  (2) 기획위원 : 총회장, 서기, 직전총회장, 각노회장, 박재영,
              김만우, 신현국

  (3) 재미 고려신학원이사 : @김만우, 최학량, #조봉환,
              장희선, 이유량, 우영종, 구자경
          기관이사 : 이근삼, 박재영, 신현국

  (4) 유사기독교 연구위원 : @신현국, 이승철, 조성, 박경춘,
                 #강재헌, 강성대

  (5) S.F.C. 위원 : @김만우, 최학량, #전성철, 배봉규, 구자경,
              박대근, 정병일, 윤정태 (각 노회 S.F.C.간사
              로 구성한다 = 여기서 전국간사 선출)

  (6) 섭외위원 : 조봉환, 조성관, @윤정태, 한무, 전성철,
              이윤태, #조현하, 정삼식

  (7) 차세대 연구위원 : @윤덕곤, #김창년, 강현구, 최병걸,
              정태영, 홍인석, 박홍배, 이은환,
              정준영, 강재헌, 강병호

  (8) 인터넷 정보위원회 : @구자경, #박대근, 이신구, 박위림,
              조현하

  (9) 교육위원회

3. 주요 결의 사항

  1) 한회기 동안 새로 가입한 교회와 목사회원

회원 : 김성수, 김민관, 박진생, 권병우, 김인효, 강병호(중남
　　　　　　부), 이응도, 김용진, 윤성용, 정형철, 손영식(동부),
　　　　　　김성수, 이점태, 박위림, 장병일, 이해봉, 이희덕,
　　　　　　강성대(북서).

　　　교회 : 늘푸른교회(중남부), 야들리제일장로교회(동부), 트리
　　　　　　니티장로교회, 정원장로교회, 워싱톤교회, 올림피아
　　　　　　성화교회(북서).

2) 박재영 목사 은퇴기념하여 공로패를 수여하다.

3) 선교부

　　(1) 제2대 상임총무로 최성은 목사를 선임하다.

　　(2) 선교사 파송 김은태 선교사를 중국에 선교사로 파송.
　　　　최수일 선교사를 미국이주민 및 인도네시아 선교사로 파
　　　　송.
　　　　김민관 선교사를 인도네시아 선교사로 파송.

　　(3) 총회 산하 선교사 후원비는 총회 선교부로 납입 선교 지
　　　　원키로 하다.

　　(4) 현재 개교회에서 하는 선교비 외 총회 선교를 위하여 총
　　　　회 선교비 분담금을 각 교회가 작정하여 제출키로 하다
　　　　(금년도 필요한 선교비 $152.610.00)

4) 유지재단 이사회 조직하다.

　　이사장 : 조봉환 목사　서기 : 구자경 목사

　　총　무 : 박재영 목사

　　이　사 : 신현국, 김만우, 최성은, 장희선, 조　성, 조봉환,
　　　　　　구자경, 박재영(개교회를 재단에 가입결정한 교회

담임목사는 이사가 됨)

5) 전도부 : 개척교회를 위한 특별헌금을 실시하여 개척교회와 미자립 교회를 보조하기로 함. 금년도에 캐나다에 E.M.교회를 개척하는 정태영 목사를 보조키로 하다.

6) 제18회 재미 총회를 한국 고신 총회 희년을 맞아 한국에서 총회를 개최키로 결의하다.

7) S.F.C.강령수정 (Korean-American)에서 (Church in American)으로 수정하다.

S.F.C. 2002년 전국대회 일시 : 7/30-8/2일 까지

장소 : 필라델피아 Villanova University

8) 기획위원회에서 제출한 규칙을 변경하다(상임위원회 신설키로 함).

인터넷 정보위원회 신설.

재미교단 인터넷 홈페이지 주소 : www.kosinusa.net

교육 연구 위원회 신설.

총회 유지재단 이사회 신설 (정관 및 세칙 결의함).

9) 캐나다노회 특별위원으로 박재영 목사를 파송키로 하다.

10) 고시부 : 목사고시 합격자 : 강광수, 김태은, 이 근, 이병조, 지상훈, 장홍석 이상 6명은 각 노회에서 설교를 필히 한 후 안수를 받도록 한다.

　*고시합격자들은 목회학 김병원 저(개혁주의 신행협회 발행)읽고 10pages로 요약하여 3월 31일까지 고시부에 제출키로 한다.

목사고시 시행안

(1) 제출서류 : 대학교성적 증명서 및 졸업장(졸업증명)(B.A)

　　　신학대학원 성적 증명서 및 졸업증명서(M.Div)

　　　자필이력서(명함판 사진 2장), 노회장추천서

(2) 고시 과목

　　1) 논문 : 한어권: 효과적인 전도활동을 이민 사회에서 시행

　　　　　　　하는 구체적인 방안

　　　영어권: How to establish English Ministry in the

　　　　　　　local Korean Church (참고도서:30권 이상 분

　　　　　　　량 25pages)

　　2) 주해 : 롬13:1-7(참고 주석 20권이상 분량 10pages)

　　3) 갈라디아서 3:1-7(설교시간 7분)

(3) 필기고시 과목 : 교회정치, 권징조례, 예배지침, 목회학, 한국

　　교회사

(4) 면접

　　논문 제출 장소: 17919 E. Oxford Pl. Aurora, CO 80013

　　　　　　　　　(303)766-1419 revwoo@mns.com

11) 캐나다노회의 특별위원으로 박재영 목사를 파송키로 하다

12) 감사위원 선정은 기획위원회에 맡기기로 하다.

13) 다음 총회장소는 한국으로 하기로 결의하다

2001년 11월 6일

총회장 조봉환 목사

서 기 구자경 목사

(광고사항)특별히 기억하고 하실일

1. 총회 산하 모든 교회들은 3월 첫 주일에 교단 전도부에서 개척하는 교회를 위하여 특별 헌금을 하여 전도부 회계에게 보내어 주실 것을 부탁드립니다.
2. 교단 선교부에서 선교하는 선교비를 작정하는 일과 선교비 보내실 일입니다.
3. 교회당 건축할 시에 교단 안에 세례교인이 1인당 $5.00씩 헌금하여 보내어 주실 일(건축중인 교회당 시카고 여수룬 교회)
4. 제18회 총회를 한국에 가서 개최하므로 총대들의 경비를 예산에 넣어주시기 바랍니다. 비행기표는 약 $1,000.00로 잡으시면 됩니다.

총회 산하 교회들에게 드립니다.

수신 : 동부노회, 중남부노회, 서부노회, 북서노회, 남미노회, 캐나다노회

참조 : 각 교회 담임목사 및 교회 선교부장

제목 : 총회 선교비 작성서

주님의 은혜와 축복하심이 온 교회와 목사님 장로님 성도들 위에 충만하시기를 빕니다. 금번 제17회 총회 시에 선교부를 책임 맡은 온 선교부원이 합심하여 앞으로 우리 교단 선교를 위하여 헌신을 다짐하면서 총회가 결정한 사항을 시행하기 위하여 아래와 같이 협조 청원하오니 최선을 다하여 선교에 동참하여 주시기 바랍니다.

금번에 결의한데로 선교는 단일 청구로 하여 일하기 위하여 상임 선교부 총무로 최성은 목사를 선정하였으며 회계는 두 분으로 선정하여 중남부노회와/ 동부노회는 회계 이윤태 장로님께로 선교비를 보내어 주시고 서부노회와/ 북서노회 및 다른 노회들은 신종문 장로님 부회계에게 보내어 주시면 모든 지출은 상임 총무의 주제하에 지불케 하였으니 차질이 없도록 협력하여 주시기 바랍니다. 그리고 선교의 소식은 4개월에 한번씩 현황을 지면으로 보고하려고 하오니 참조하시기 바랍니다.

총회산하 교회 선교부원들에게 특별히 당부 드림은 선교사 개인에게 직접 보내시는 것 보다 선교부를 통하여 보내어 주시면 받는 선교사나 보내는 선교사들의 신의가 두터워 질 것입니다.

그리고 부탁드리고 싶은 것은 총회에서 보낸 선교사들은 우리 총

회가 약속을 이행하여야 하기에 각 교회에서는 형편에 맞추시되 힘껏 작정하시고 매월 선교비를 보내어 주시면 선교부는 복음사역을 하는 모든 선교사들에게 염려 없이 선교하게 하도록 최선을 다할 것입니다.

재미총회가 1년에 필요로 하는 선교비가 년 간 $152,610.00입니다.

총회산하 교회들 중에

200명 이상 되는 교회는 매월 $300.00이상 작정하여 주시고

100명 이상 되는 교회는 매월 $200.00이상 작정하여 주시고

50명 이상 되는 교회는 매월 $100.00이상 작정하여 주시고

그 다음 교회들은 최선을 다하여 매월 $50.00이상 작정하여 총회선교를 잘 감당할 수 있도록 협력하여 주시기를 진심으로 바랍니다.

선교하는 일에 하나님이 기뻐 받으실만한 일이오니 협력하여 주시기 바라며 여기에 작정서를 보내어 드리오니 기도한 후 작정하시고 이 작정서를 보내어 주시면 좋은 계획을 세우도록 할 것입니다.

2001년 11월 6일

선 교 부 장 구자경 목사
선교부서기 조현하 목사

제18회
재미 한인 예수교 장로회
총회 촬요

일시 : 2002년 9월 25일(수)-9월 27일(목)

장소 : 한국 천안 고려 신학 대학원

총회 참석 총대 : 목회 회원 – 73명, 장로 회원 – 10명, 총회원 – 83명

1. 총회임원

   총 회 장 : 최학량 목사

   부 총 회 장 : 윤정태 목사, 신종문 장로

   서   기 : 이유량 목사

   부 서 기 : 유영종 목사

   회 록 서 기 : 조 성 목사

   부회록서기 : 최승렬 목사

   회   계 : 이창우 장로

   부 회 계 : 한창섭 장로

2. 상비부

   1) 행정부

      부 장 : 하청조, 서기 : 강대찬(자문-이기진, 진학일)

3년조: 배봉규, 강대찬, 양봉현, 하원식, 김성수, 박명문

2년조: 최영호, 문성출, 손스티브, 하청조

1년조: 권오성, 배명환, 백상인, 손창호, 윤정태, 박일용

2) 선교부

부　장 : 구자경, 총무 : 최성은, 서기 : 조연하 (자문-강위상)

3년조: 조성관, 배성학, 장성환, 김시영, 정태영, 박성순,
손영식

2년조: 구자경, 조현하, 이정건, 김기석, 김민관, 박창국,
신종문, 이명학

1년조: 윤대식, 최성은, 황은선, 전승철, 허세윤, 박은생,
이상석, 김용호

3) 전도부

부　장 : 홍준양, 서기 : 정진호 (자문-정필흠)

1년조: 방도호, 홍준양, 박수홍, 이희덕, 한영근, 김정식,
문성원

2년조: 정진호, 한 무, 박영서, 이은성, 이은환, 김현수,
백남태, 우수관

1년조: 손성수, 이응도, 박종규, 하성만, 김용훈, 이점태,
임문규

4) 교육부

부　장 : 김창년, 서기 : 김성권

3년조: 윤춘식, 김철우, 박상묵, 한윤구, 황인철, 정준영,
주원명, 문태주

2년조: 이인흠, 곽청규, 박재철, 박세규, 장재, 엄원섭,

곽성식, 김창년, 박성식

1년조: 박석현, 김성권, 김성수(한), 한기원, 김병호,
박정식, 박광식, 이학재

5) 신학부

부　장 : 박대근, 서기 : 박상희 (자문-이근삼)

3년조: 김준웅, 황태학, 지영범, 이보민, 오교균, 김용진,
구　일

2년조: 최학량, 박대근, 박종창, 김강일, 이기성, 김용진,
박시홍

1년조: 정사량, 김종국, 최승열, 박홍배, 박상희 박기동,
강성대

6) 규칙부

부　장 : 김원호, 서기 : 김진호 (자문-전은상)

3년조: 하영기, 이해봉, 박승천, 박철홍, 김성우, 박정환

2년조: 김원호, 박종성, 서상원, 이병득, 박승순, 조용해

1년조: 홍문식, 이유량, 박치흠, 남성호, 손신달, 김진호,
김신중

7) 재정부

부　장 : 정삼식, 서기 : 한기영 (자문-전재린)

3년조: 유병진, 장병일, 이광수, 장승태, 김익범, 김해진,
곽상덕, 김경고, 전태진, 한기영

2년조: 정병일, 윤성화, 정삼식, 문성국, 신성주, 박용선,
이효교, 이창우, 김성도

1년조: 강학구, 송경식, 손성기, 배필규, 최병구, 임익성,

한창섭, 김남장

8) 출판부

　　부　장 : 이은태, 서기 : 정윤영

　　3년조: 송영준, 강재현, 방성준, 강남중, 최세훈, 박위림,
　　　　　배상환

　　2년조: 진신덕, 김창용, 정윤영, 장성태, 김은태, 김영철,
　　　　　김준용

　　1년조: 이석규, 김도원, 이병구, 이신구, 남요한, 문재섭,
　　　　　안재민

9) 고시부

　　부　장 : 신현국, 서기 – 우영종

　　3년조: 이승철, 전병국, 김용훈, 장희선, 박경춘

　　2년조: 김만우, 윤덕곤, 손창호, 원차희, 우영종

　　1년조: 신현국, 조봉환, 구자경, 조　성

10) 은급부

　　부　장 : 변의남, 서기 : 김정락 (자문–고필균)

　　3년조: 김정락, 백승철, 홍인석, 박훈, 국중일, 추덕엽,
　　　　　이청강

　　2년조: 변의남, 김은수, 임무송

　　1년조: 박경문, 김우신, 구연기, 강상석, 주요한, 김성도

3. 상임위원

　1) 자문위원: 이기진, 정필흠, 고필균, 전재린, 이근삼, 전은상,
　　　　　　　김용택, 진학일, 강위상, 박재영

2) 기획위원회

　　위원장: 최학량, 서기: 이유량

　　위원: 직전 총회장, 각노회장, 김만우, 신현국

3) 총회신학대학원 이사

　　이사장: 김만우, 서기: 조봉환

　　위원: 김만우(5년), 최학량(5년), 조봉환(5년), 장희선(5년)

　　　　우영종(5년), 이유량(4년), 구자경(2년)

　　기관이사: 이근삼, 박재영, 신현국

4) S.F.C.위원회

　　위원장: 김만우(4년), 서기: 정병일(2년)

　　위원: 전성철(3년), 배봉규(3년), 윤정태(2년), 구자경(2년),

　　　　조　성(1년)

5) 유사기독교 연구위원회

　　위원장: 신현국(5년), 서기: 강성대(2년)

　　위원: 강재헌(5년), 이승철(5년), 조 성(5년), 박경춘(4년)

6) 섭외위원회

　　위원장: 윤정태(5년), 서기: 조현하(2년)

　　위원: 조성관(4년), 한 무(5년), 전성철(4년), 정삼식(1년)

7) 차세대 연구위원회

　　위원장: 박홍배(3년), 서기: 김병호(2년)

　　위원: 김창년(5년), 정태영(4년), 홍인석(4년), 이은환(4년),

　　　　윤덕곤(3년), 정준영(3년), 박기흠(2년)

8) 인터넷 정보위원회

　　부장: 구자경(2년), 서기: 박대근(2년)

위원: 이신구(2년), 박위림(2년), 조현하(2년)

9) 교육위원회

위원장: 조봉환(1년), 서기: 황은선(1년)

위원: 박재철(2년), 윤덕곤(1년), 홍인석(1년)

10) 총회 유지재단 이사회

이사장: 조봉환(2년),

서기: 구자경(2년), 총무: 박재영(2년)

이사: 조봉환, 구자경, 김은태(1년), 신현국(2년), 김만우 (2년), 장희선(2년), 조   성(2년), 이은성(2년)

11. 감사: 김만우, 구자경, 이명학

4. 결의사항

1) 고시부

(1) 2002년 목사고시 장소와 시간 : 산호세 한인장로교회 2002년 10월 24일-25일.

(2) 고시응시료는 $200.00로 책정하다.

(3) 고시 응시자 14명에 관한 전권은 고시부에 일임하다.

(4) 목사고시 합격자: 김호관, 문재원, 송기석, 이경우, 장병국, 한창훈, 박상돈, 전남수, 유인식, 김흥구, 조상현, 김진승, 양경석(14명).

2) 선교부: 총회 선교부 규칙 및 내규 제정안 받다.

3) 교육부: 1년간 연구한 결과 주일학교 교재를 Great Commission Publish로 사용키로 하다.

4) 재정부

(1) 결산 - 총수입 $37,110.59
      총지출 $31,187.09
      잔 액 $5,923.50
(2) 예산 - 총수입 $41,723.50
      총지출 $41,723.50

5) 인터넷 정보 위원회: 소속교회 Home Page 제작키로 하다.

6) 기획위원회

   (1) 차세대 위원회로 하여금 영어권 회원 육성을 위한 모임을
   허락하기로 하다.

   (2) 재미 총회 회원이 아닌 개인이 재미총회에 관련된 사항
   에 대하여 공식 통로를 통하지 않고 회원들에게 서신을
   보냄에 대하여 엄중 경고하기로 하며 해당 노회에 통보하
   기로 하다.

   (3) 복음대학교 재산의 최종적 처분권은 총회에 있음을 확인
   하고 임원회 결의사항과 복음대학교 정관을 첨부하여 총
   회에 제출도록 하다.

   (4) 기획위원회 증원 청원(2명의 부총회장) 하다.

   (5) 출판부를 상임 위원회에 두도록 하다. 단 규칙에 관한 사
   항은 규칙부에서 처리하기로 하다.

   (6) S.F.C. 위원을 노회 지도 위원장으로 세우도록 하다.

7) 교육위원회

   (1) 주일학교 교사 교육에 관한 연구를 하기로 하다.

   (2) 주일학교(유.유년.중.고.대) 교재 연구발간 및 추천키로
   하다.

(3) 교단 내 교육 사역자 Net-Work를 만들어 자료 보급키로 하다.

(4) 교단 Web-Site에 교육부 Link를 만들어 자료 보급키로 하다.

8) S.F.C.위원회: 미주 5개 지역 순회 지도자 수련회(대학, 대학원생)를 7월, 8월 중에 실시키로 하다.

9) 차세대 위원회: 제2차 2세 지도자 Conference를 개최키로 하다.

〈제19회 목사고시 요강〉

1. 제출서류

   1) 대학교 성적증명서 및 졸업장(B.A.)

   2) 신학대학원 성적 및 졸업증명서(M.Div.)

   3) 이력서(명함판 사진 2장)

   4) 노회장 추천서

   5) 고시응시료 : $200.00

2. 고시과목

   1) 논문제목 : "소그룹 성경공부를 활성화하는 구체적인 방안"(참고도서 50권 이상)

   2) 주해 : 에베소서 4:7-16(참고도서 30권 이상)

   3) 설교본문 : 예레미야애가 3:19-23

   4) 필기고시과목 : 교회정치, 권징조례, 예배지침, 목회학, 한국교회사

   5) 면접

3. 논문, 주해 제출 마감 일자 : 2003년 09월 말까지

4. 논문 제출 장소 : Rev. Young Jong Woo(우영종 목사)

17919 E. Oxford PL. Aurora, CO 80013

Tel : (303)766-1419

총회장 최학량 목사

서 기 이유량 목사

제19회
재미 한인 예수교 장로회
총회 촬요

일시 : 2003년 10월 28일(화)-31(금)

장소 : 델라웨어 영원한 교회(최영호 목사 시무)

총회 참석 총대 : 목사회원-105명, 장로회원-14명, 총회원-119명

1. 총회임원

    총   회   장: 윤정태 목사

    부 총 회 장: 손창호 목사, 이창우 장로

    서   기: 이유량 목사

    부   서   기: 우영종 목사

    회의록서기: 조   성 목사

    부회의록서기: 최승렬 목사

    회   계: 이윤태 장로

    부 회 계: 문성원 장로

2. 상비부

   1) 행정부

      부장: 이승철, 서기: 최영호

3년조: 최영호, 문성출, 강광수, 박수홍, 배우태, 한상구
(자문-진학일)

2년조: 권오성, 배명환, 백상인, 윤정태, 전남수, 조용수

1년조: 조성관, 배성학, 장성환, 정태영, 박승순, 손영식,
김준웅, 문성원, 이승철

2) 선교부

부장: 구자경, 상임총무: 최성은, 서기: 전성철

회계: 신종문 장로

3년조: 구자경, 조현하, 이정건, 김기석, 김민관, 박찬국,
이광수, 신종문, 이명학 (자문-강위상)

2년조: 최성은, 전성철, 허새은, 박은생, 이창석, 김용운,
김성도, 김인효, 이기업, 이장남

1년조: 홍준량, 이희덕, 한영근, 김정식, 이석규, 강성수,
이윤태, 정일권, 이청강, 이선춘

3) 전도부

부장: 주원명, 서기: 이병조

3년조: 정진호, 한 무, 박영서, 이은성, 이은환, 김현수,
백남태, 우수관 (자문-정필흠)

2년조: 손성수, 이응도, 박종규, 하성만, 김용훈, 이점태,
김도원, 송기석, 유하기, 김홍구

1년조: 윤춘식, 김철우, 박상묵, 한윤구, 황인철, 정준영,
주원명, 문태주, 국중일, 이승철, 조상현, 이병조

4) 교육부

부장: 한기원, 서기: 장홍석

3년조: 이인흠, 곽청규, 박재철, 장재, 곽성식, 김창년,

　　　　이병구, 이신구, 문재원, 장홍석 (자문-김용백)

2년조 : 김성권, 김성수(한), 한기원, 박경식, 박광식,

　　　　이학재, 김인호, 이기성, 이경우

1년조 : 김준웅, 황태학, 지영범, 이보민, 오교균, 구　일,

　　　　장성태, 김영철, 명병헌, 조용수, 장병국, 이　근

5) 신학부

　부장: 박대근, 서기: 박종창

　3년조: 박대근, 박종창, 김강일, 이기성, 김용진

　　　　(자문-이근삼)

　2년조: 박석현, 김종국, 최승렬, 박홍배, 박상회, 박기동,

　　　　강성태, 김태인, 유안시, 박일용

　1년조: 하영기, 이해봉, 박승천, 박철흠, 김성우, 박정환,

　　　　정윤영, 홍인석, 고수용, 배상환, 강광수, 김판석

6) 규칙부

　부장: 김원호, 서기: 양경석

　3년조: 김원호, 박종성, 서상인, 이병록, 박승순, 문재섭,

　　　　안재면, 윤원한 (자문-고필균)

　2년조: 홍문식, 이유량, 박치홍, 남성호, 손신달, 김진호,

　　　　한기영, 김호관, 남요한

　1년조: 유병진, 장병일, 장승태, 김익범, 김해진, 장형천,

　　　　양경석

7) 재정부

　부장: 윤성환, 서기: 이희영

3년조: 윤성환, 정삼식, 문병국, 신성주, 박용선, 이효교,
　　　이창우 (자문-전재린)

2년조: 강학구, 송경식, 손성기, 배필규, 최병구, 임익성,
　　　윤정용, 임문규

1년조: 송영준, 강재헌, 방성준, 최세훈, 박위림, 배상환,
　　　진신덕, 김정락, 이희영, 곽성식

8) 고시부

　부장: 김만우, 서기: 우영종

　3년조: 김만우, 윤덕곤, 손창호, 원차희, 우영종
　　　　(자문-신현국)

　2년조: 조봉환, 조 성, 최영호, 방도호, 강남중, 장희선

　1년조: 최학량, 하청조, 정병일, 김병호, 윤대식, 박경춘,
　　　　김은태

9) 은급부

　부장: 변의남, 서기: 하원식

　3년조: 변의남, 김은수, 황태학, 홍창우, 이은환, 정태영,
　　　　이춘근, 남요한, 임무송 (자문-박재영, 주요한)

　2년조: 박정문, 김우신, 구연기, 강상석, 김시영, 김청우,
　　　　박상돈, 박길준

　1년조: 배봉규, 강대찬, 양봉현, 하원식, 김성수, 박명문,
　　　　추덕엽 , 최수일, 한윤구, 정종석, 곽성식

3. 상임위원

　1) 자문위원: 정필흠, 고필균, 전재린, 이근삼, 전은상, 김용백,

진학일, 강위상, 박재영, 신현국, 주요한.

2) 기획위원: 총회장, 서기, 직전 총회장, 부총회장, 각노회장,
김만우 (자문-신현국, 박재영)

3) 고려신학대학원 이사: 김만우(1년, 이사장), 조봉환(1년, 서기),
최학량(1년), 장희선(1년), 우영종(1년), 구자경(3년),
윤정태(1년), 신종문(1년), 이창우(1년)
기관이사: 이근삼, 신현국, 이유량

4) S.F.C. 위원: 김만우(1년, 위원장), 전성철(1년, 서기),
조봉환(1년), 윤춘식(1년), 조 성(1년).

5) 유사기독교 연구위원: 신현국(자문, 위원장), 하청조(1년, 서
기), 강재헌(1년), 이승철(1년), 조 성(5년), 박경춘
(5년), 강성대(3년)

6) 섭외위원: 최영호(1년, 위원장), 전성철(5년, 서기), 한 무
(1년), 정삼식(2년), 오교균(1년), 이윤태(1년)

7) 차세대 연구위원: 박홍배(4년, 위원장), 김병호(3년, 서기),
윤덕곤(1년), 김창년(1년), 정태영(5년), 홍인석(5년),
이은환(5년), 정준영(4년), 유완식(1년), 장홍석(1년),
구 일(1년), 문재원(1년), 박경춘(1년), 정윤영(1년)

8) 인터넷 정보위원: 박대근(3년, 위원장), 이신구(3년, 서기),
윤대식(1년)

9) 교육위원: 변의남(1년, 위원장), 원차희(1년, 서기), 오교균
(1년), 한기원(1년), 박석현(1년), 박성천(1년)

10) 총회 유지재단 이사: 조봉환(2년, 이사장), 박재영(총무),
구자경(2년, 서기), 김은태(2년), 신현국(2년),

김만우(2년), 조 성(2년), 김영호(1년), 이은성(2년)
11) 출판위원: 정병일(1년, 위원장), 이신구(1년, 서기), 하성만
(1년), 강대찬(1년)
12) 감사: 조봉환, 최학량, 이명학
13) 선교부 총무: 최성은(5년)

4. 결의사항
1) 행정부: 총회산하 목사 회원 졸업기수 통일에 관한 건은
M.Div 과정을 졸업한 연도를 동기 졸업생으로 할 것
이며, 이 업무를 출판 위원회가 맡아서 하기로 하다.
2) 선교부
(1) 파라과이 개혁주의 장로교 현지인 독노회 창립축하 사절
단은 임원이 방문하기로 하다.
(2) 김철우 군목에게 년 $250.00을 군선교비로 지원하기로
하다.
(3) 태국 현지인 신학교 졸업생 뿌라텝(Prateep
Cheepniround)의 재미고신 안수는 고시부에 청원하기
로 하다.
(4) 오석재 협력선교사 선교비는 선교부 규칙에 준하기로 하
다.
(5) 김홍구, 강광수 목사를 아마죤 선교사로 파송키로 하고,
수요 예배시에 파송예배를 드리기로 하다.
(6) 중남부노회가 청원한 21세기 선교센타 시설 활용권은 총
회선교 훈련원으로 적극 사용하도록 하고 복음의 횃불 선

교잡지를 이용해서 선교소식을 알리기로 하다.

(7) 금번 회기 중 상임위원으로 선교정책 위원회를 조직하기로 하다.

(8) 선교정책비로 청원한 년 $5,000.00은 재정부로 이관하기로 하다.

3) 고시부

(1) 김창년 목사에게 '권징조례'를 영어로 번역하도록 하다.

(2) 목사고시 응시자들에게 서약서를 받기로 하다.

(3) 2004년 목사고시 요강

제목 : "개혁주의 교회관에 비추어 본 현재 교회 예배 형태에 대한 연구"(Evaluation of the present church Worship Service in the view of the reformed tradition)

주해 : 갈라디아서 3:23-29

설교 : 전도서 1:12-18

(4) 목사고시 합격자: 정일준, 박용훈, 문병국, 변성은, 손낙준, 윤성종, 이성은, James Alderman, 장영락

(5) 재정청원: 권징조례 번역비 – $1,000,
목사고시 광고비 – $500,
고시생 훈련비 – $1,500

(6) 태국 뿌라텔 선교사 목사고시 청원은 태국 현지 선교사인 조현하 선교사로 하여금 한국교회사, 목회윤리, 헌법, 교리에 대하여 교육시키기로 하고 이 모든 과정을 김만우

목사, 신현국 목사로 하여금 감독하게 한 후 총회에 참석하여 총회 목사고시를 보도록 하며 합격시 북서노회로 하여금 안수키로 하되 비용은 총회 선교부에서 부담키로 하다.

4) 출판위원회

    (1) 2004년도 주소록 발간을 하기로 하다.

    (2) 주소록 발간을 위한 주소변경 관리를 위하여 재미고신 웹사이트를 활용하기로 하다.

    (3) 목사 ID를 발급하기로 하고 개인 신상카드를 서기부와 협조하여 제작하기로 하다.

    (4) 주소록 발간비 : $3,000

        목사 ID 발급비 : $300

    (8) 교육위원회 : 1) 총회 발전을 위한 장기 교육 계획은 교육위원회에 요청하기로 하다.

              2) 설교 세미나를 위한 재정 지원 $2,000을 요청하기로 하다.

5) 고려 신학대학원 이사회

    (1) 동부노회장 김만우 목사가 청원한 재미 고려 신학대학원(동부) 학장으로 이유량목사를 추천한 것은 허락하기로 하다.

    (2) 각 지역 직영 신학대학원의 재정 보조금을 위한 후원회는 각 노회에 맡기기로 하다.

    (3) 각 지역 직영 신학대학원은 년 1회 연합 신학강좌 중심의 수련회를 갖기로 하다.

    (가) 연합신학 강좌는 졸업을 위한 필수 강좌로 하다.

(나) 학점 : 매 신학 강좌에 2과목으로 하다.

(다) 강좌를 위한 수련회 장소는 세 신학교를 순회하는 것을 원칙으로 하고 단 순서는 가주, 동부, 서부 순으로 하기로 하다.

(라) 연합 신학강좌(수련회) 주관은 해당 신학교에서 하기로 하다.

(4) 커리큘럼 : 모든 커리큘럼의 계획 및 시행은 기관이사에게 위임하기로하다. 단, 한국 고신대학원의 커리큘럼을 참고하여 세 신학교의 커리큘럼은 동일하기로 하다.

(5) 고려신학대학원 이사회는 매년 연합 강좌 기간에 모이기로 하다.

(6) 복음대학교 파송이사 : 장희선, 윤정태 목사로 하다.

(7) 고려신학대학원(서부)은 산호세에서 시애틀로 옮기다.
(37427 28th Federal Way, WA 98003)

(8) 고려신학대학원(동부)은 주소가 변경되다.
(342 A Commerical Ave. Palisades Park, NJ 07650)

6) 기획위원회

(1) 한국 총회의 경제적인 어려움을 해결하기위한 협조의 안건에 대해서 총회 산하 각 노회는 지난 총회 임원회에서 결의하여 통보한 대로 신속히 실시하여 총회 회계에게 보내도록 하다.

(2) 카나다 노회와 동부노회와의 통합의 건에 대해서는 카나다 노회 정기 노회시 동부노회가 협조 노회원을 파송하여

격려하도록 하고 카나다 노회가 자립할 때까지 1년에 $1,000을 보조하기로 한 건은 취소하기로 하다.

(3) 선교정책위원회 설립의 건에 대해서는 기각하도록 하다.

(4) 각 노회는 카나다 노회와 남미 노회를 위하여 기도하도록 하다.

7) 전도부

(1) 총회 설립 20주년 기념 개척교회 설립을 허락하다.

(2) 개척교회 설립을 위한 보조비로 각 노회는 매달 $800을 작정하여 전도부로 헌금할 것을 허락하다.

(3) 개척교회의 장소와 교역자 선정은 총회에서 결정하기로 하다.

8) 차세대 위원회

(1) 제3차 차세대 Conference를 2004년 6월 21-24에 클리브랜드에서 갖기로 결정하다.

(2) 목사고시 후보생들에게 교단을 소개하고 훈련하는 시간을 갖기로 하다.

(3) 영어권 목사들과 가족들이 영적으로 새롭게 되는 시간을 갖기로 하다.

(4) 강사를 초빙해서 말씀으로 도전을 받고 고신 교회사를 위한 세미나를 듣기로 하다.

(5) 차세대 위원들이 총회에서 인준한 신학교에서 교단을 소개하고 교단에 가입할 수 있는 신학생들을 모집하기로 하다.

(6) 총회 웹사이트 소속으로 EM 웹사이트를 만들기로 하다.

(7) 북미주 개혁교회 협의회(NAAPRC)에 가입 하기로 결정된 것을 속히 마무리 하기로 하다.

(8) 총회 고시부에 영어권 목사 2-3명을 포함시켜 주시기를 요청하다.

(9) 주일학교 교재는 한국 총회에서 발간한 교재를 미국 현실에 맞게 수정하여 사용키로 하다.

(10) 목사고시를 준비하는 전도사님들을 위하여 영어로 자세한 가이드라인을 준비하기로 하다.

9) S.F.C. 위원회

(1) 대표간사 활동비를 월 $500 지원키로 하다.

(2) 지역간사 활동비 월 $300을 각 노회로 하여금 지원키로 하다.

(3) S.F.C. 수양관 건립 기금 $100,000 목표 중 $40,000이 모금됨으로 나머지는 각 노회에서 지원키로 하다.

(4) 남미 SFC에 년 $2000(페루 $500, 브라질 $500, 파라과이 $500)을 지원키로 하다.

(5) SFC 지도위원 활동비로 $5000을 지불하기로 하다.

10) 총회유지재단 이사회

(1) 총회산하 교회와 산하기관의 당회장과 기관장들은 소유 부동산을 총회 유지재단에 가입하는 일에 적극적으로 힘 쓰기로 하다.

(2) 교회 재산 가입은 공동의회 결의로 함을 원칙으로 하되, 교회 형편에 따라서 제직회나, 당회의 결의로 가입 신청을 하도록 하다.

(3) 현재 등록된 교회 이름 뒤에 "Korean Presbyterian Church in America(Kosin)"을 연서하도록 하다.

(4) 현재 등록된 개 교회 정관을 유지재단에서 만든 정관으로 변경하여 해당 State에 제출하도록 하다.

(5) 본 교단 모든 부동산을 유지 재단에 가입하는 법을 다음 회기에 기획위원회에 제출하기로 하다.

(6) 본 총회에 INS/IRS 서류 신청을 요구할 때는 당회장과 노회장을 통해서 신청하기로 하다.

11) 차기 총회 장소 : 중부노회 소속 "늘 푸른 장로교회"(김병호 목사 시무)에서 하기로 하다.

12) 러시아 복음주의 연맹과 자매 결연을 맺다.

13) 재정부

    (1) 2002년-2003년 – 수입: $36,184.00

                  지출: $40,807.64

    (2) 2003년-2004년 – 수입 예산: $36,000.00

                  지출 예산: $36,000.00

총회장 윤정태 목사

서 기 이유량 목사

제20회
재미 한인 예수교 장로회
총회 촬요

일시 : 2004년 10월 26일(화)-29일(금)

장소 : 아틀란타 늘 푸른 장로교회(김병호목사 시무)

총회 참석 총대 : 목사 회원-102명, 장로회원-20명, 총122명, 자문위원-6명

1. 총회임원

총 회 장 : 손창호 목사(샌프란시스코 상항 한미장로교회)

부 총 회 장 : 구자경 목사(씨애틀 한인중앙장로교회),

　　　　　　 이윤태 장로(아틀란타 주님의 교회)

서　　　기 : 이유량 목사(재미 동부 고려 신학대학원),

부 　서 　기 : 우영종 목사(덴버 소망교회)

회 록 서 기 : 조　성 목사(LA 새 시대교회),

부회록서기 : 전성철 목사(시카고 여수룬교회)

회　　　계 : 문성원 장로(템피 장로교회),

부 　회 　계 : 김홍권 장로(늘 푸른 장로교회)

2. 상비부

1) 행정부

부장-이승철, 서기-박순철

3년조: 권오성, 배명환, 백상인, 전남수, 조용수, 박순칠
(자문-진학일)

2년조: 조성관, 장성환, 정태영, 손영식, 김준웅, 문성원,
이승철, 김종삼, 문성원

1년조: 조현하, 김민관, 이광수, 조상현, 이병조, 이은환,
김판석

2) 선교부

부장-윤정태, 총무-최성은, 서기-전성철,
회계-신종문 (자문-강위상)

3년조: 최성은, 전성철, 허세은, 이창석, 김용운, 김인호,
이기업, 이장남, 김성도, 하용봉

2년조: 이희덕, 한영근, 김정식, 이석규, 강성수, 홍장우,
신대원, 이윤태, 정일권, 이선춘

1년조: 윤정태, 정병일, 정진호, 한 무, 박영서, 이은성,
김기석, 이명학, 신종문, 김홍권

3) 전도부

부장-박재철, 서기-문태주

3년조: 고수영, 이응도, 박종규, 하성만, 김용훈, 이점태,
김도원, 송기석, 유하기, 김홍구, 이장현

2년조: 김철우, 한윤구, 황인철, 정준영, 주원명, 문태주,
국중일, 정병재, 박종만, 임대성

1년조: 이인흠, 곽청규, 박재철, 곽성식, 이병구, 이신구,
문재원 (자문-정필흠)

4) 교육부

　　부장-박대근, 서기-James Patrick Alderman

　　3년조: 김성권, 김성수(한), 한기원, 박경식, 김인호, 이기성,

　　　　　　이경우, 변성은, 유기은

　　2년조: 김준웅, 황태학, 지영범, 이보민, 오교균, 구　일,

　　　　　　장성태, 김영철, 명병헌, 장병국, 이　근,

　　　　　　James Patrick Alderman

　　1년조: 박대근, 박종창, 김강일, 박용훈, 김용진, 이성은,

　　　　　　윤성종, 이청강 (자문-김용백)

5) 신학부

　　부장-박석현, 서기-박일용

　　3년조: 박석현, 김종국, 박흥배, 박상회, 박기동, 강성태,

　　　　　　김태민, 유안시, 박일용, 조용구

　　2년조: 하영기, 박성신, 박승천, 박철흠, 김성우, 박정환,

　　　　　　정윤영, 홍인석, 배상환, 강광수

　　1년조: 김원호, 박종성, 서상인 이병록, 문재섭, 안재면,

　　　　　　윤원한, 이춘근 (자문-이근삼)

6) 규칙부

　　부장-변의남, 서기-윤성환

　　3년조: 박치홍, 남성호, 손신달, 김진호, 김호관, 남요한,

　　　　　　손낙준, 한기영 (자문-고필균)

　　2년조: 유병진, 장병일, 장승태, 김익범, 조유광, 장형천,

　　　　　　양경석, 장홍석, 진요셉

　　1년조: 윤성환, 정삼식, 문병국, 신성주, 박용선, 이효교,

이창우, 변의남, 김운스, 박진생

7) 재정부

부장-윤덕곤, 서기-박위림, 회계-이희영

3년조: 강학구, 최병구, 임익성, 윤정용, 임문규, 손성기,
김정식, 이찬삼 (자문-전재린)

2년조: 송영준, 강재헌, 방성준, 최세훈, 박위림, 배상환,
진신덕, 김정락, 이희영, 신언빈

1년조: 윤덕곤, 원차희, 우영종,이강문, 황태학, 우수관,
곽기영, 이병조, 김성도, 신경범

8) 고시부

부장-김만우, 서기-윤대식

3년조: 조봉환, 조　성, 최영호, 강남중, 장희선, 박재영
(자문-신현국)

2년조: 최학량, 하청조, 김병호, 윤대식, 박경춘, 김은태

1년조: 김만우, 손창호, 구자경, 이유량, 박승순, 정태영,
송경식, 홍준양, 박은생, 김창년

9) 은급부

부장-김시영, 서기-정일준

3년조: 박정문, 김우신, 구연기, 강상석, 김시영, 김청우,
박상돈, 박길준, 한영철

2년조: 강대찬, 양봉현, 하원식, 박명문, 추덕엽, 최수일,
한윤구, 정종석, 곽성식, 김강희

1년조: 문성출, 강광수, 박수홍, 정일준, 장영락, 문병국
(자문-주요한)

3.상임위원

  1) 기획위원

      부장-손창호, 서기-이유량

      위원: 총회장, 서기, 직전총회장, 부총회장, 각노회장,

          김만우 (자문-강위상, 박재영, 신현국)

  2) 고려신학대학원 이사

      이사장-김만우, 서기-조봉환

      위원: 김만우(2년), 조봉환(2년), 최학량(2년), 장희선(2년),

          우영종(2년), 구자경(4년), 윤정태(2년), 신종문(2년),

          이창우(2년), 기관이사-이근삼, 신현국, 이유량

  3) S.F.C. 위원

      부장-김만우, 서기-전성철

      위원: 김만우(2년), 전성철(2년), 조봉환(2년), 조　성(2년)

  4) 유사 기독교 연구위원

      부장-신현국, 서기-조　성

      위원: 신현국(2년), 하청조(2년), 이승철(2년), 강성대(4년),

          조　성(1년), 전성철(1년)

  5) 섭외위원

      부장-최영호, 서기-오교균

      위원: 최영호(2년), 한　무(2년), 오교균(2년), 이윤태(2년),

          최병구(1년)

  6) 차세대 연구위원

      부장-김병호, 서기-박경춘

      위원: 박홍배(5년), 김병호(4년), 윤덕곤(2년), 김창년(2년),

정준영(5년), 유완식(2년), 장홍석(2년), 구　일(2년),
문재원(2년), 박경춘(2년), 정윤영(2년), James
Patrick Alderman(1년), 윤정용(1년), 변성은(1년),
이성은(1년)

7) 인터넷 정보위원

부장-박대근, 서기-이신구

위원: 박대근(4년), 이신구(4년), 윤대식(2년), 박종성(1년),
박순철(1년)

8) 교육위원

부장-변의남, 서기- 박석현

위원: 변의남(2년), 원차희(2년), 한기원(2년), 박석현(2년),
박성천(2년)

9) 총회 유지 재단 이사

이사장-조봉환, 총무-박재영, 서기-구자경, 회계-신종문

위원: 조봉환(3년), 박재영(3년), 구자경(3년), 김은태(3년),
신현국(3년), 김만우(3년), 조　성(3년), 최영호(3년),
이은성(3년), 신종문(1년)

10) 출판위원

부장-정병일, 서기-하성만

위원: 정병일(2년), 이신구(2년), 하성만(2년), 강대찬(2년)

11) 감사: 윤정태, 신종문

4. 결의사항

1) 행정부: 명칭변경- '남미노회'를 '중남미노회'로 변경하기로

하다.

2) 선교부

(1) 선교사 파송 허락: 신대원 목사(북방선교사), 손낙준 목사, Brian Hou(중국선교사)

(2) 제3차 선교 대회를 휴스턴 한빛교회에서 개최하기로 하고, 참석한 선교사들의 여비는 한빛교회에서 부담하며, 숙박은 선교부에서 지원하기로 하다.

(3) 재미 총회와 관련된 한국 선교부의 사업은 재미 총회 선교부와 반드시 협의해 줄 것을 한국 총회에 청원하기로 하다.

(4) 선교 사업의 일환으로 2005년 선교 카렌다를 제작하여 교단 교회에 배부하기로 하다.

(5) 총회 산하 교회는 6월 둘째 주일을 선교 주일로 지키고 헌금을 하기로 하다.

(6) 신대원 목사, 손낙준 선교사, Brian Hou 선교사 파송 예배는 후원교회에서 하기로 하다.

(7) 파라과이 김기석 선교사 차량 구입을 위한 재정 청원 건은 허락하다.

3) 교육부

(1) 총회 기간 중 교육부 주관 장로 세미나를 개최하기로 하다.

(2) 교단 교육교재 개발을 위해서 교육부가 주일학교 교재의 분석 및 평가해 줄 것을 의뢰한 건은 이미 차세대부에서 진행하고 있음을 확인하다.

(3) 한국 총회 교육 위원회 주관 교육 간담회 참석과 경비 요

청에 대하여 허락하다.

4) 고시부

(1) 목사고시 합격자: 오석재, 고병일씨는 전 과목 합격, 조권익 정원호 유해신 씨는 논문을, 임은옥 조경백 정대인 김일신 씨는 논문과 주해를 재작성하여 12월 31일까지 제출하는 조건으로 통과하다.

(2) 2005년도 목사고시 과목

논문: 이민교회에 적용할 수 있는 성경적인 교회 개척 방안.(How to apply a Biblical Church Planting Stratergy)

주해: 마태복음 5:17-20

설교: 느헤미야 8:1-2

(3) 2005년도 목사고시 응시자 소집 교육:

2005년 7월 5일(화)-7일(목)

5) 기획위원회

(1) 남미노회 본국 파송 선교사들의 회원권 문제에 대하여 증경 총회장 신현국목사, 김만우목사, 최학량목사, 박재영목사, 손창호목사를 사절단으로 하여 한국 총회 사절단과 조절하기로 하다.

(2) 한국 고신 언론사 사장 정금출 장로를 "해외 자문위원"으로 추대하다.

6) 규칙부

(1) 강도사 고시 시행의 건은 본회에서 만장 일치로 결의하고, 각 노회에 수의하도록 하다.

(2) 규칙 제3장 9조 3항 "총회장과 부총회장은 총대 2/3의 득표자로 하고, 기타 임원은 과반수로 한다"로 개정하다.

(3) 규칙 제3장 9조 4항 "총회장과 부총회장은 연임하지 못하며, 기타 임원은 2년 연임할 수 있다"로 개정하다.

(4) 상비부에 "영어권부"를 두기로하며, 그 임무는 "영어권에 관한 임무를 담당한다."

(5) 상임위원회에 "북한 선교위원회"를 두기로 하며, 그 임무는 "북한 선교회에 대한 업무를 담당한다."

7) 출판위원회

(1) 2005년 총회주소록을 발간하기로 하다.

(2) 교단 헌법을 발간하기로 하다.

(3) 교단 20년사를 발간하기로 하다.

8) 유지재단 이사회 : BYLAW를 만들어 시행하도록 하다.

9) 재정부

(1) 2003년 ~ 2004년 총수입 $32,216.25

　　 － 총지출 $25,100.00 = 이월금 $7,116.25

(2) 2004년 ~ 2005년 수입예산 $37,416.25

　　　　　　　　 지출예산 $33,800.00

10) 차기 총회장소

휴스턴 한빛교회(Houston Korean Hanbit Pres. Church, 최성은 목사 시무)

〈광고사항〉

1. 각 노회에서는 제20회 총회에서 가결한 '강도사 고시' 시행을

위하여 2005년 봄 노회에서 수의하여 제21회 총회 개회전에
제출하여 주시기 바랍니다.

2. 각 노회 서기께서는 노회산하 교회와 회원들의 정확한 주소를
출판위원회 서기 이신구 목사(동부노회 효성장로교회)에게 연
락해 주시기 바랍니다.(연락처 : 342 A Commercial Ave.,
Palisades Park, NJ 07650 (201)947-7910
E-mail: hyosungchurch@hanmail.net)

3. 2005년 목사고시 요강

 1) 논문제목 : '이민교회에 적용할 수 있는 성경적인 교회 개
   척 방안' 'How to apply a Biblical Church Planting
   Stratergy' (참고도서: 50권 이상)

 2) 주해: 마태복음 5:17-20(참고도서: 30권이상)

 3) 설교: 느헤미야 8:1-2

 4) 필기고사 과목: 교회정치, 권징조례, 예배지침, 목회학,
   한국교회사, 목회학

 5) 면접

 6) 논문 제출 마감 일자: 2005년 9월말까지

 7) 논문제출장소: 윤대식 목사(동부노회)

   Rev. Dae Sik Yoon 2621 Heritagr Farm Dr.,
   Wilmington, DE 19808 (302)996-5464

4. 총회 인터넷 홈페이지 : www.kosinusa.org

총회장 손창호 목사
서 기 이유량 목사

제21회
재미 한인 예수교 장로회
총회 촬요

일시: 2005년 10월 24일(월)-27일(목)

장소: 휴스톤 한빛교회(노정각 목사 시무)

총회 참석 총대: 목사회원-92명, 장로회원-16명, 자문위원-5명, 총 113명

1. 총회임원

   총 회 장: 구자경 목사(훼드럴웨이 제일 장로교회)

   부 총 회 장: 이유량 목사(고려신학대학원 동부),

             이명학 장로(휴스톤 한빛교회)

   서 기: 우영종 목사(덴버소망교회)

   부 서 기: 전성철 목사(여수룬교회)

   회 록 서 기: 박대근 목사(크라이스트 비전 채플),

   부회록서기: 최영호 목사(델라웨어 영원한교회)

   회 계: 문성원 장로(템피장로교회),

   부 회 계: 이병조 장로(델라웨어 사랑의교회)

2. 상비부

  1) 행정부

3년조: #이승철, 조성관, 장성환, 정태영, 김준웅, 이종호,
김대열

2년조: 조현하, 김민관, 이광수, 이병조, 이은환, 이일곤,
김성진

1년조: *전성철, 조봉환, 이창석, 김용운, 김인호, 이기업,
한　무, 박성신, 이장남 (자문-이근삼)

2) 선교부

3년조: 이희덕, 한영근, 김정식, 강성수, 홍장우, 김일신,
이윤태 (자문-전재린)

2년조: #윤정태, 정병일, 정진호, 박영서, 이은성, 김현수,
오석재, 김기석, 최수일, 신대원, 이창우, 신종문

1년조: *이웅도, 고수영, 하성만, 김용훈, 이점태, 김도원,
송기석, 유하기, 김홍구, 강광수

3) 전도부

3년조: #주원명, 김철우, 박상목, 한윤구, 황인철, 정준영,
문태주, 국중일, 이승철, 이광수

2년조: 이인흠, 곽청규, 박재철, 박상돈, 이병구, 이신구,
문재원 (자문-정필흠)

1년조: *이경우, 한기원, 김성권, 김성수(한), 한기원,
김인호, 이기성, 변성은

4) 교육부

3년조: *구　일, 김준웅, 황태학, 지영범, 이보민, 오교균,
장성태, 김영철, 명병헌, 조용수, 장병국, 이　근,
James Patrick Alderman, 구동철 (자문-구연기)

2년조: #박대근, 박종창, 김강일, 박용훈, 김용진, 이성은,
  정대인, 윤성종, 유기연, 한영철

1년조: 김시영, 김종국, 박홍배, 박상희, 박기동, 김태민,
  유안시, 박일용, 정윤교, 김경재

5) 신학부

3년조: 하영기, 박승천, 김성우, 박정환, 정윤영, 홍인석,
  배성학, 이호권

2년조: #김원호, 박종성, 서상인, 이병록, 안재면, 윤원한,
  이춘근, 고병일

1년조: *김호관, 박치홍, 남성호, 손신달, 김진호, 남요한,
  손낙준 (자문-강위상, 이기진)

6) 규칙부

3년조: 유병진, 장승태, 김익범, 조유광, 장형천, 양경석,
  장홍석, 홍준량

2년조: 윤성환, 정삼식, 문병국, 신성주, 박용선, 이효교,
  이창우, 변의남, 김은수, 김광일

1년조: #강학구, *유해신, 최병구, 임익성, 윤점용, 이영주,
  조권익 (자문-박재영)

7) 재정부

3년조: 송영준, 강재헌, 방성준, 최세훈, 박위림, 배상환,
  진신덕, 김정락, 이희영

2년조: #원차희, 우영종, 이강문, 황태학, 임인욱, 김우신,
  이병조, 이명학, 문성원

1년조: *최영호, 강남중, 장희선, 나경집, 정원호, 윤병구

(자문-주요한, 정금출)

8) 고시부

　　3년조: *윤대식, 최학량, 하청조, 김병호, 박경춘, 김은태,
　　　　　송경식

　　2년조: #김만우, 손창호, 구자경, 이유량, 박승순, 정태영,
　　　　　박은생, 김창년

　　1년조: 전병국, 강상석, 박석현, 강성대, 윤덕곤
　　　　　(자문-신현국)

9) 은급부

　　3년조: 강대찬, 양봉현, 박명문, 추덕엽, 한윤구, 정종석,
　　　　　정근욱

　　2년조: *조영구, 문성출, 박수홍, 정일준, 박진생, 배　열

　　1년조: #박순철, 권오성, 배명환, 백상인, 전남수, 조용수,
　　　　　박용훈, 박창웅 (자문-전은상)

3. 상임위원

　　1) 기획위원: 총회장, 서기, 직적 총회장, 부총회장, 각 노회장,
　　　　　　　　김만우 (자문-강위상, 박재영, 신현국)

　　2) 고려신학대학원 이사: #김만우(3년), *조봉환(3년), 최학량
　　　　　　　　(3년), 장희선(3년), 우영종(3년), 구자경(5년), 윤정태
　　　　　　　　(3년), 신종문(3년), 이창우(3년)

　　　　　　　　기관이사: 이근삼, 신현국, 이유량

　　3) S.F.C. 위원: #김만우(3년), 전성철(3년), 한 무(1년),
　　　　　　　　　김병호(3년), 유기은(1년), 조봉환(3년),

박대근(1년), 한기원(1년), 김기석(1년),
정태영(1년)
4) 유사 기독교 연구 위원: #신현국(3년), *박종창(1년), 강성대
(5년), 박석현(1년)
5) 섭외위원: #손창호(1년), *박순철(1년), 최영호(3년), 최병구
(2년), 이윤태(3년)
6) 차세대 연구위원: #김병호(5년), *정준영(1년), 박홍배(1년),
윤덕곤(3년), 정윤영(3년), 박경춘(3년), 김창년(3년),
유완식(2년), 구 일(2년), 문재원(3년),
James Alderman(2년), 손낙준(1년), 변성은(1년),
이성은(1년), 이은한(1년), 정태영(1년), 박일용(1년),
유기은(1년)
7) 인터넷 정보위원: #박대근(5년), 박순철(2년), 강상석(1년),
*이신구(2년)
8) 교육위원: 변의남(3년), 원차희(3년), 박성천(3년), 전남수
(1년)
9) 총회 유지 재단 이사: #조봉환(4년), *이은성(4년), 박재영
(총무), 구자경(4년), 김은태(4년), 김만우(4년),
최영호(3년), 신종문(2년), 권오성, 박석현, 윤덕곤,
박은생, 우영종, 배명환, 김병호, 노정각, 전성철, 박종창,
홍창우, 박홍배, 명병헌, 최병구, 박재철, 문태주
(자문-신현국, 정금출)
10) 출판위원: #이신구(2년), *김병호, 하성만(3년), 박대근,
이점태, 김은태, 김홍구, 정태영

11) 감사: 직전총회장, 현부총회장

12) 북한선교위원회: #명병헌, *조영구, 윤대식, 최영호

(자문 : 전은상)

4. 결의사항

1) 행정부

2) 선교부

(1) 김민관 선교사 선교관 임대를 위한 6,000불 재정지원 건은 총회에서 모금할 수 있도록 허락하다.

(2) 장성환 목사를 총회 일본 선교사로, 이점태 목사를 총회 태국 선교사로 인준하고 내년 선교 교회에서 파송하도록 하다.

(3) 재미총회 소속 선교사를 각 교회가 중점적으로 지원하기로 하다.

(4) 크리스찬 타임즈가 협력한 선교 캘린더 제작은 15개 교회 3,500부를 주문받아 5%를 선교 헌금으로 내기로 하다.

(5) 선교부 총무로 조봉환 목사를 선출하다.

3) 전도부

(1) 개척의사가 있는 목사는 전도부에 연락바람

2) 전도부를 중심으로 교회간, 지역간 정보 지원

3) 개척지역 정보, 지역이동교인정도 등을 홈페이지를 통해 효과적으로 운영

4) 고시부

(1) 목사 고시 후보생 9명 중 김윤수, 홍건, Tony Marshon

씨 이상 3명은 모든 시취과제를 통과하였으며 김영수씨는 설교와 권징조례를, 박종길씨는 논문, 교회정치, 예배모범을, 배장훈씨는 논문, 주해, 설교, 예배모범을 이휘환씨는 논문, 예배모범을, 장대형씨는 예배모범을 황규민씨는 논문과 주해를 Fail하였으므로 다시 제출해야 할 모든 고시과제는 12월 31일까지 제출하기로 하며, 필기시험 재시는 2006년 2월 6일(월)-7일(화)에 늘푸른 장로교회(김병호 목사)에서 실시하기로 하다.

(2) 강도사 고시는 총회에서 실시하며 고시 과제는 논문 (참고도서 30권 이상, 분량 30page, double spaces, font size 12, 신명조와 Times New Roman), 주해(참고도서 20권이상, 분량 15page), 설교(원고분량 30분용, 설교발표는 7분)으로 하며 고시과목은 조직신학, 교회사(한국교회사와 미국장로교회사), 성경, 면접으로 한다.

(3) 목사고시는 각 노회에서 봄 노회시 실시하며 고시과목은 교회정치, 권징조례, 예배모범, 목회학, 면접으로 한다.

(4) 강도사 고시 자격은 M.Div. 과정 졸업자로 한다.

(5) 강도사 고시를 보기 위해서는 반드시 그해 봄 노회시까지 노회장 추천서를 받아야 한다.

(6) 강도사 고시에 관한 모든 제출서류는 노회에 접수하여 노회서기가 총회 고시부 서기에게 발송하도록 한다.

(7) 2006년 강도사 고시과제 중 ㄱ) 논문은 "성경적인 교회 성장원리와 그 적용방안(The principle of growth for a biblical church and strategies for application)(참

고 도서 30권 이상, 분량 30page, double spaces, font size 12) ㄴ) 주해: 이사야 9:1-7(참고 도서 20권 이상, 분량 15pages) ㄷ) 설교: 이사야 9:1-7(분량 30분 설교 원고)

5) 은급부

    (1) 헌법적 규칙 제10조 2항에 근거하여 매년 담임목사 사례비 한 달 분을 적립할 수 있도록 총회명의의 문서를 발송하도록 하다.

6) 교육위원회

    (1) 제2회 해외동포 신앙교육 정책 협의회

        일시: 2006년 6월 12-13일

        장소: Evangelia University(LA)

        참석예상인원: 한국 10명, 해외 10명, 미국 10명

7) 인터넷 정보위원회

    (1) 각노회 상황보고 위원으로 서부노회: 박대근, 북서노회: 박순철, 중남부노회: 강상석, 동부노회: 이신구로 하다.

8) 유사기독교 연구위원회

    한국과 미주에 있는 기독교 이단들의 목록, 역사, 주장, 활동과 교리비판을 담은 "기독교 이단 개요" 책자를 출판하기로 하다.

9) 출판위원회

    (1) 2006년 총회 주소록 발간

    (2) 목사 ID 발행

    (3) 교회 20년사 발간을 위해 편찬위원으로 박재영(총책),

신현국, 김만우, 조봉환, 윤정태 목사로 하다.

10) 기획위원회

　　(1) 노회구역조정은 기획위원회에서 1년간 연구하여 다음 총
　　　　회에 보고하기로 하다.

　　(2) 영어권 상임부서를 신설하기 위해 차세대 연구위원회에
　　　　서 1년간 연구하여 다음 총회에 보고하기로 하다.

　　(3) 총회 활성화 방안을 위한 연구위원으로 총회임원, 박석
　　　　현, 박홍배, 윤덕곤, 김병호, 박순철 목사로 하여 1년 간
　　　　연구하여 보고하기로 하다.

11) 차세대 연구위원회

　　(1) NAAPARC conference(1월 중)에 James Alderman,
　　　　정준영, 김병호 목사가 참석하기로 하다.

12) 고려신학대학원이사회

　　(1) 복음대학교 파송이사: 장희선, 윤정태

　　(2) 복음대학교 신학대학원의 명칭을 법적으로 "고려신학대
　　　　학원(가주)"로 변경하는 일을 추진함에 적극 후원하고 기
　　　　도하기로 함.

13) 서부노회 상황보고서의 오류에 대해서 10항은 삭제하고 새
　　시대교회의 문제를 수습하기 위해 전권위원회를 구성한 사
　　실을 삽입하고 서부노회 서기 박대근 목사의 사과문을 받다.

　　(수정안) 10) 전권위원회 구성 : 새시대교회의 문제 수습을
　　　　　　　 위해 전권위원회를 구성하다.

　　(사과문) "본인은 서부노회 상황보고 내용 중 서기로서 아래
　　　　　　　의 내용을 잘못 정리하여 물의를 일으키게 한 것과

교회문제 처리에 상당한 오해를 일으키게 됨을 책임지고 사과를 드립니다.

2005년 10월 27일 본인 박대근"

14) 재정부

  (1) 회계보고

    2005년 결산- 총수입 $30,869.00

                총지출 $32,110.00

                잔 액 $5,875.25

    2006년 예산- 총수입 $48,875.25

  (2) 남미노회를 제외한 각 노회 상회비는 $10,000로 하다

  (3) 총회 시 각 노회 회계는 결산 보고서를 지참하도록 하다.

15) SFC 위원

  2006년 7월 25일(화)-28일(금) Wheaton College에서 SFC 전국 대회를 갖기로 하다.

16) 신 안건 토의

  (1) 행정협정을 한국 총회와 맺기로 하다.

  (2) 차기 총회 장소는 개최 요청 교회에 확인한 후 변경이 있을 시 임원회에서 결정하도록 하다.

총회장 구자경 목사
서 기 우영종 목사

제4부

마침의 창

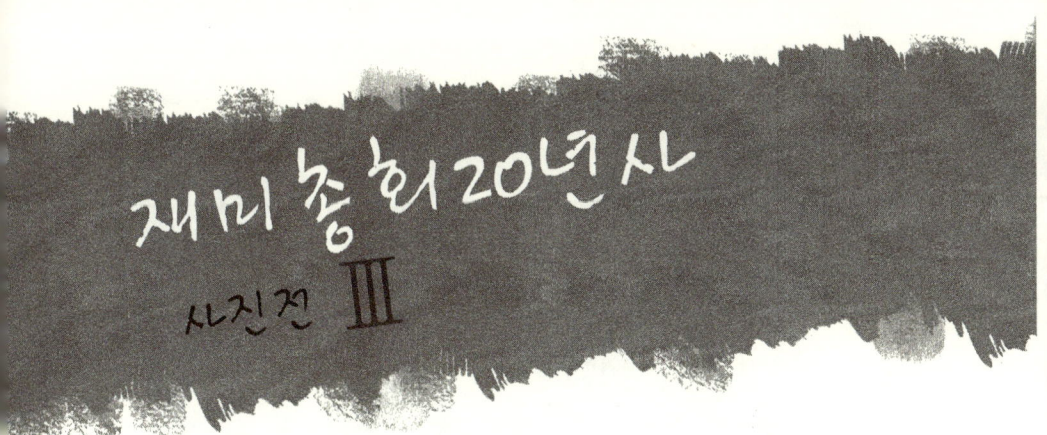

재미 총회 20년사

사진전 III

▲ 제21회 재미총회 참석자. 2005년 10월 24-27일 텍사스 휴스톤한빛교회

▲ 재미고려신학교 졸업식. 아틀란타98 선언문 선포

▲ 새천년 총회(나성로뎀장로교회) 한국총회사절

▲ 목사후보생 소집교육위원(필라제일장로교회 뜰)

▲ 2004년 6월 주님의 제자의 집에서(캄보디아)

▲ 2004년 6월 8일. 고신선교포럼 후 캄보디아 방문

▲ 2004년 12월 트미이마울 유치원생

▲ 1999년 제15회 총회 한국사절단과 함께

▲ 제2004년 아틀란타에 모인 총회참석자들

20년사가 나오기까지

오늘의 시대는 지난 때에 대한 흥미를 잃어가고 있다. 지난 때는 지난 것이고 오늘의 문제에 대한 더 큰 관심을 기울여야 살아남게 될 것으로 아는 시대가 되었다. 교단 20년사를 간행하기 위하여 자료 요청 서한을 보내고 광고를 매스컴에 내어도 꿈쩍도 않는 경향이다. 책이 발행되고 난 후에도 우리는 빠졌다고 불평할 것을 예상하면 당장 일을 멈추고 싶지만 먼 훗날의 자료가 되겠고 역사 공부에 도움이 되겠다는 생각으로 보람을 느끼고 작업을 계속했다.

역사의식은 매우 중요하다. 어제가 없는 오늘이 있을 수 없다. 하나님은 역사를 주동하신다. 어떻게 하나님께서 역사 하셨던가 하는 문제를

박재영 목사
20년사 발간 총책,
증경총회장(초대,10대),
뉴져지 제일한인교회
원로목사

아는 것이 중요하다. 왜냐하면 역사 속에 하나님은 그의 뜻을 보여 주시기 때문이다.

역사의 중심에는 우리 구주 예수 그리스도가 서서 계시기 때문이다. 그러나 볼 수는 없다. 그러기 때문에 역사를 기록으로 남기는 것이다. 이것이 사명이다. 사람이 기록하는 일이라 제한성과 표현의 부족한 점이 많다. 유감스러운 일이다. 이해와 관용을 기대한다.

이 재미총회 20년사가 나오기까지 어려운 고비를 넘겼다. 자료 수집이 되지 않고 맡은 이에게 있는 자료를 토대로하다 보니 주관적인 해석이 많이 나오므로 포기해 버려야 하겠다고 생각 할 때 총회장 구자경 목사님이 임원회를 소집하고 우리 총회 임원들이 내용에 대해 책임을 질테니 출판하라는 청신호를 받았다. 그리고 출간 위원들의 동의를 얻고 내용 검토를 해야함을 알지만 사정상 혼자 달리는 식으로 된 것은 실정이 허락되지 못하여 그렇게 된 것임을 이해해 주시기 바란다.

끝으로 이 책이 나오는 과정에서 감사한 것은 본국총회 출판국장 장경미, 재미총회 자문위원 정금출 장로, 고신언론사 임성하 장로, 본국교단 총무 임종수 목사 및 여러분들에게 감사의 인사를 드린다.

재미 총회 20년사를 통하여 하나님께서 어떻게 축복하신 것을 볼 수 있기를 바란다. 영광은 하나님께!!! 코람데오!!!

2006년 6월 25일 재미 총회 20년사 간행위원회
총 책 : 박재영 목사(증경총회장, 원로목사, 뉴져지 제일한인교회)
위 원 : 신현국 목사, 김만우 목사, 조봉환 목사, 윤정태 목사(전
　　　　원 증경총회장)

회고

개혁주의 신앙과 순교 정신을 이어오기 어언 20년! 미주에 우리 교단을 확고히 뿌리 내리게 하신 하나님께 먼저 감사와 영광을 돌립니다.

옛 일을 돌이켜 볼 때 우선 본인이 총회장 대행으로 있던 1999년도를 회고함이 순서인듯 하여 제15회 총회 1년 동안에 있었던 일들을 정리해 봅니다.

장희선 목사
15대 총회장
새시대교회 담임목사

첫째, 무엇보다 총회 직영으로 재미 고려신학 대학원을 3곳에 두기로 한 일입니다.
(1) 로스엔젤스 지역에 가주 고려 신학 대학원
　　(학장 이근삼 박사)

(2) 뉴저지 지역에 동부 고려 신학 대학원
   (학장 박재영 목사)
(3) 산호세 지역에는 서부 고려 신학 대학원
   (학장 신현국 목사)

으로 나누어 지금껏 운영해 오고 있습니다.

이상의 3개 재미 고려 신학 대학원은 복음대학교와 학사 연결하여 밀접한 유대관계를 갖게 하고, 아울러 복음대학교 발전을 위하여 $1만 달러를 후원하는 자(개인, 교회, 단체)를 이사로 영입하여 지금도 경영 중입니다.

둘째, 총회 회원 자격을 정함으로써, 이제껏 친화적인 면이 강했던 분위기에서 각 노회 활동 회원이 총대가 되도록 규정하여 친목을 통한 질서 있는 단결을 갖게 하였고, 개 교회 재산은 총회 유지 재단에 가입하도록 하여 교단의 위상을 실질적으로 강화시켜 가고 있습니다.

셋째, 영어권을 위하여 영어로 번역한 2천년 총회 헌법을 몇 번의 책을 만들어 임시 사용하다가 작년에 보완된 헌법책을 출판 사용 중입니다.

넷째, 2백 교회 운동의 일환으로 5개년 전도 계획을 위해 각 시찰회에서 1년에 한 교회씩 의무적으로 교회를 개척하기로 하였으며 현재 노회마다 힘써 노력하고 있습니다.

다음으로 제 16회 총회 때 결의하여 지금껏 이어지는 일들을 상고해 봅니다.

첫째, 2천년을 맞이하는 기념으로 총회 기념 설교집 1집을 출판하였습니다.

책 이름은 〈하나님의 위로〉이며 총 19명 목사님들의 설교를 담았습니다. 후속으로 2집, 3집 등으로 이어질 것을 기대합니다. 또한 총회 소속 목사님들의 목사 증명 카드를 발급하였고 그 후로도 계속 보완하여 발급하고 있습니다.

둘째, 남미 선교 확장을 위하여 멕시코에 선교사를 파송하기로 하여 현재 최승렬 선교사가 수고하고 있습니다. 또한 마이애미 지역에 스페니쉬 개척교회를 설립하기로 하고 큐바 선교사로 지영범 목사를 인준하여 지금도 사역 중에 있습니다. 아울러 선교부 주관으로 선교 대회 및 선교 모임 행사를 아틀란타와 휴스톤 등에서 갖어 실제적 선교 사업에 힘쓴 일입니다.

셋째, 임기 2년의 상임 총무 제도를 활성화 시키고 1차 연임하도록 하였으나 아직 적임자를 기다리고 있습니다. 그러다보니 차세대 교육 위원회 주관으로 총회에 관련된 중요사항을 영어로 인터넷에 올리는 일이라든지, 각 교회마다 담임 목사 은퇴 적립금을 매월 준비하게 하는 일 등이 결의만 되고 실시하는 일이 미흡합니다. 그 외에 이와 유사한 일들 곧, 타 교단과의 유대 관계, 대외 홍보, 목사와 가족들의 건강 보험, 등의 일들은 상임 총무가 선정되면 아주 손쉽게 이루어지리라 믿습니다.

넷째, 총회 유지재단 총무로 박재영 목사님이 선정되어 교단의 기틀이 든든히 서 가도록 힘쓰는 모습에 큰 힘이 되고 감사가 넘칩니다.

다섯째, 총회장과 부총회장 및 노회장의 자격 요건을 규정하였고, 장로 부총회장 제도를 두어 제17회 총회부터 장로 1인을 선정하기로 하여 규칙에 따라 지금도 실행하고 있습니다.

여섯째, 미국에 속한 북미주 보수 장로 교단 NAPAK에 가입하기로 하였으며, 아울러 이단의 목록을 작성하여 전국 교회에 공고한 사실입니다.

일곱째, 교단에 속한 회원 교회에서 교회당을 건축할 때에는 총회에 속한 전교회의 교인들이 1인당 5불씩 보조하여 서로 협력하는 분위기를 높여가기로 하였습니다. 각 교회마다 교회당 건축 운동이 더욱 활발하기를 기대하고 있습니다.

이제는 총회와 관계된 대외적인 사항을 요약합니다.

첫째, 이제껏 총회장이 한국 고신 교단 총회에 참석할 때에는 겨우 인사 정도로 유대 관계를 맺던 것을, 제16회부터는 인사말은 물론, 총회장이 꼭 설교하는 순서를 가져 더욱 밀접하고 실제적인 교단 교류가 이루어지게 되었습니다. 미주에 대한 고신 운동을 그만큼 높이 보게 된 것이라 여겨집니다.

둘째, 한국 고신 총회와의 실제적 교류의 모습으로, 2001년 총회 주소록에 한국 총회 소속 교회와 담임 목사님들의 주소를 기재하여 우리는 하나임을 분명히 하였습니다. 아울러 총회 주소록에 각 교회 홈페이지 및 E-Mail 주소를 올리기 시작하였습니다.

셋째, 제16회 총회 기간 중에 처음으로 외부 강사를 청하여 교회 성장과 목회에 도움을 갖는 순서를 가졌습니다. 아울러 회의만 하다가 끝나지 않도록, 세 차례에 걸친 특강을 실시하여 총회 회원들 중에서 몇 명이 주제를 발표하고 질의 응답하는 시간으로 새로운 총회 분위기를 가졌던 일이 좋은 추억으로 남습니다.

총회에 참석하신 사모님들을 위해서도 외부 강사를 청하여 유익한 시간을 가졌습니다. 사모를 위한 프로그램은 지금도 계속 이어가고 있습니다.

넷째, 본인이 총회장 자격으로 한인 교회 PCA 총회에 참석하여 인사 및 축하한 일이며, 그 외 타 교단 모임과 총회 산하 교회의 경조사에 축하한 일들이 기억에 남습니다.

이상으로 2년에 걸친 회기 동안의 일들을 일일이 기억할 수 없어 총회와 관련된 단체적인 일들만 기록하고 이만 맺습니다.

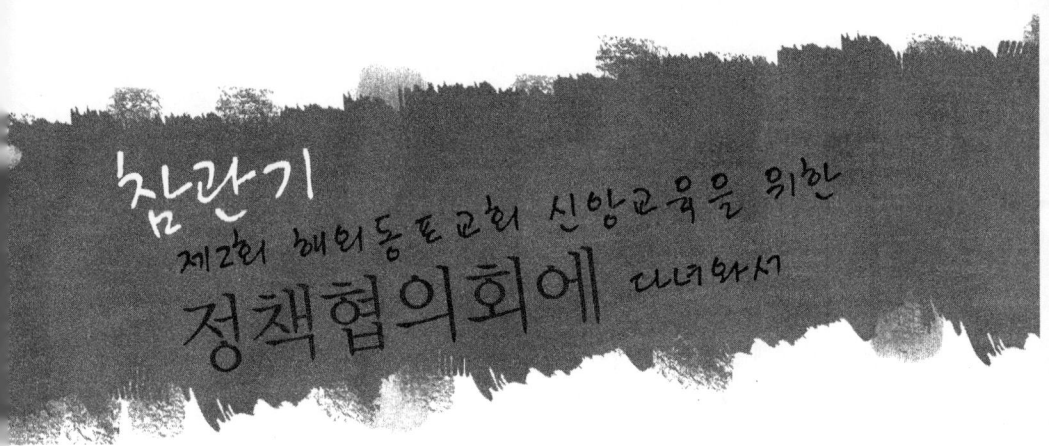

참관기
제2회 해외동포교회 신앙교육을 위한
정책협의회에 다녀와서

할렐루야!

2006년 6월 5일 월요일부터 6월 7일 수요일 까지 해외 한인 이민의 집결지인 미국 로스앤젤레스에 소재한 에반겔리아 대학교에서 총회 교육원(원장 나삼진 박사, 이사장 권용수 목사)과 재미총회 교육부(총회장 구자경 목사, 교육부장 박대근 목사)가 주최한 제2회 해외동포교회 신앙교육을 위한 정책협의회의가 열렸다. 본인은 작년 제1회 모임에도 참석했으며 금번 제2회 모임에도 참석했다. 제1회 때에도 우리 고신 교단이 해외동포교회 교육정책을 수립하겠다고 하는 의지를 보인 일에 대하여 강도 높은 찬사를 보냈고, 이번에도 꼭 같은 심정으로 필자가 거주하는

박재영 목사
20년사 발간 총책,
증경총회장(초대,10대),
뉴져지 제일한인교회
원로목사

미 조지아주 아틀란타에서 비행기로 다섯 시간 걸려 엘에이에서 모여 협의회에 참석했다.

총회교육원과 재미총회교육부가 치밀하게 준비한 제2회 정책회의는 알찬내용으로 계획된 일정을 마쳤다. 필자는 우리 교단의 모습이 더 크게 보였다. 이유는 교육원 이사장 권용수 목사께서 사회하시고, 재미 총회장 구자경 목사의 개회 설교에서부터 시작되었다. 개회 예배에서 총회 교육원 이사 우영도 목사의 간절한 기도와 재미총회장 구자경 목사의 "하나님께 칭찬 듣는 사람"이란 제목의 설교는 칭찬이 구속 받은 성도들의 활력소가 된다고 역설했다. 이어서 총회교육원장 나삼진 박사께서 교회의 3대 과제는 교육과 훈련, 전도와 선교, 구제와 봉사임을 천명했다. 우리 교단이 1952년 대한예수교장로회 총회로 출범할 때부터 상비부로 종교교육부가 설치된 일을 알리고 교단 교육의 역사를 명료하게 조명했다. 이처럼 새로운 세대에 도전장을 내고 앞날의 비전을 가지고 세계화 시대에 걸맞는 교육적 사명을 성취하려는 모습은 살아계신 하나님께서 기뻐하시는 귀중한 모임이었다고 생각한다. 나박사는 총회 교육정책의 수립, 추진, 평가에 예리하고 합리적인 접근을 하는 모습을 역력하게 읽을 수 있게 했다. 한가지 아쉬운 일은 총회적 차원에서 좀 더 많은 지도자들이 참석하였으면, 그리고 좀 더 적극적으로 이런 모임을 지원하고 격려하였더라면 더 큰 효과를 볼 수 있지 않을까 하는 생각이다.

개강특강으로 에반겔리아(복음) 대학 총장 이근삼 박사의 "개혁주의 신학의 특색"이란 제목으로 강의하였다. 구체적으로 지적된 조목들은 함축성 있는 시간이었다. 숙소로 이동하여 첫째밤을 보냈다. 이튿날, 아침 경건회와 32년간의 이민목회의 경험자인 박재영 원로목사의 고후 6장 1절로 4절의 말씀으로 "하나님의 은혜"라는 제목으로 간증했다. 그 후 심포지움 시간으로 "재미 총회 차세대 연구 위원회의 전망"에 관하여 재미 총리 차세대 연구위원 박경춘 목사가 재미 학생 신앙운동의 현황과 사역에 관하여 김창연 목사가, 인도차이나 선교와 교육에 관하여 태국 사랑의교회 이규식 목사가, 우주개발에 나타난 하나님의 능력에 관하여 정재훈 박사가 꼭 필요한 사항을 지적했다. 점심 식사 후 나삼진 박사는 기독교 교육의 최근 동향과 목회에 관하여 설명했으며, 박충렬 목사(마산 삼일교회)가 강해 설교에 관하여 강의했다. 대양주 총회장을 역임한 남우택 목사가 "평신도 개발과 리더쉽"에 관하여 명론한 방법론을 천명했다. 부산 신흥교회 황만선 목사가 "교회와 디아코니아 사역"에 관한 목회학 박사 논문 내용을 강의했다. 총회교육원 선임 연구원 안동철 목사가 QT의 교육과 목회적 적용이란 제목으로 QT의 중요성과 그 영향에 관하여 재확인하는 시간이였다. 특강으로 "목회 현장에서의 갈등관리"란 제목으로 목회현장의 문제를 제시함으로 어떻게 갈등을 해결할 것인가가 많은 도움이 되었다. 이와같은 강의는 더 많은 목회자가 참석하였으면 하는 아쉬움이 있다.

셋째날이 되었다. 조찬을 로뎀교회가 대접하였다. 배명환 목사가 시무하는 교회인데 새로 교회를 구입하고 입당하여 약 육백여명의 식구를 가진 아담한 교회였다. 우리 고신교회가 미국 엘에이에 우뚝 서 있음을 자랑스럽게 생각했다. 로뎀교회당에서 예배를 드렸는데 변의남 목사(21세기 지구촌 선교회 총재)가 "용서"에 관해 설교했다. 그 후에 신학 교육기관과 교회를 방문했다. 사전에 교섭하여 준비된 상태에서 방문했다. 첫 번째 방문은 BIOLA University였다. 이곳은 나삼진 박사가 교육학 박사학위를 받은 학교다. 참으로 학교 분위기가 따뜻했다. 두 번째, 방문지는 남가주 사랑의교회였다. 미주의 최대 교회인데 교인이 만명 가까이 모인다고 한다. 들어가는 입구에 배가 항구에 들어오는 것 같이 조경을 했다. 이것은 망망대해에 항해하는 배가 항구에 들어와 쉬고, 새로운 일을 위해 기름을 넣고, 안식과 새로운 출발을 하는 영적 안식처란 뜻이란다. 그리고 입구의 대형 성조기, 크리스천 깃발, 태극기 등 세 개의 깃발이 있다. 이는 성도들이 미국에 살 때 아메리칸으로 크리스천으로, 그리고 한국인으로 자기의 정체성을 인식하라는 뜻이란다. 그리고 교회입구에 예수님이 베드로의 발을 씻기는 조각품을 두었다. 처음에는 이 좁은 공간에 왜 이렇게 중간에 두었는가 싶었지만, 안내인이 말하기를 이것은 예배당에 들어오는 모든 사람들을 예수님이 섬기듯이 섬기는 자가 되기 위해 들어왔다가 나갈때는 나도 예수님처럼 섬기는 자가 되겠습니다. 하면서 나가라는 뜻이란다. 참으로 받으려고만 하는 우리에게 교훈적인 것이라 생각했다. 남가주 사랑의교회에서 대접하는 점심도 감사했다. 한가지 아쉬웠던 것은 담임목사인 김승욱 목사가 출장 중이었다

점심 후에는 Crystal Cathedral 교회와 Saddleback 교회를 방문했다. 그리고 저녁에는 에반겔리아대학교 총장 이근삼 박사가 대접하는 만찬으로 토다이에서 즐거운 시간을 가졌다. 에반겔리아 대학교에 돌아와서 마지막 종합정리의 시간과 선언문 채택을 하였고, 폐회 예배는 총회교육원 이사회 서기 박충열 목사의 사회로 맹병현 목사(재미 총회 교육부)의 기도와 권용수 목사(총회 교육원 이사장)

의 설교로 전체 3박 4일의 알차고 뜻 있고, 비전에 찬 정책 협의회의 막이 내렸다. 필자는 도미하게 된 이유가 우리 교단의 교육사역을 위해 고려신학교 교수회 추천을 받아 1966년에 도미하여 40년째의 이민교회와 관계를 맺어왔다. 이와같이 해외교회를 위한 총회의 배려를 보면서, 이제는 마음이 편해졌다. 나삼진 박사와 같은 사명감의 사람, 여러가지 총회적인 비판을 받을 때도 있지만 낙심하지 않고 꾸준히 이와 같은 교단 교육과 교회의 리더가 우리에게 주어졌다는 일이 매우 자랑스럽고 한없이 즐겁게 느껴졌다. 가벼운 마음으로 내 고장 조지아주 아틀란타로 향한 비행기에 몸을 싣는다. 영광이 주께 돌아가는 이번 행사가 되고 고국과 해외 교회로 돌아가시는 동역자들과 더불어 우리 구주 예수 그리스도의 사랑으로 전송합니다.

코람데오!!! 교육은 선교요 선교는 교육이다.

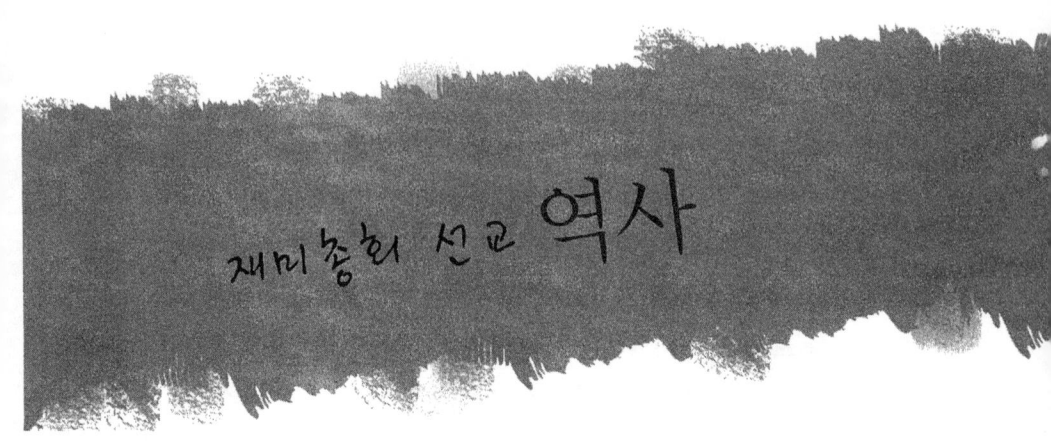

재미총회 선교 역사

1. 역대 선교부를 담당하여 오신 부장

제1대 선교부장 김만우 목사(1995-2000년)

제2대 선교부장 구자경 목사(2001-2004년)

제3대 선교부장 윤정태 목사(2005-2006년)

2. 현재 선교부임원

부장 : 윤정태 목사

총무 : 조봉환 목사

서기: 이웅도 목사

회계 : 신종문 장로

구자경 목사
교단 20년사 발행인
21회 총회장,
훼드럴웨이 제일 장로
교회 담임목사

선교부 10년 역사(1995년부터 2005년까지)

1995년 전까지 파송된 선교사는 김진경 선교사(중국선교), 김기석 신교사(파라과이선교) 그리고 남정임 선교사(아마존선교사), 차매경 선교사(중국선교사), 황기수 선교사(캄보디아선교)를 김준웅 선교사(아르헨티나 빈민선교사)로 파송하며 김준웅 선교사의 아들을 준선교사로 브라질에서 신학공부 중이므로 등록금을 보조하여 공부가 끝나면 교단 선교사로 일하도록 하며 이들을 도우며 총회산하 교회들이 최선을 다하여 왔다.

그리고 2002년도에 휴스턴 한빛교회에서 조현하 선교사(태국치앙마이)와 박기동 선교사(중국), 김민관 선교사(인도네시아 보르네오)지역으로 (최성열선교사)를 한국총회 선교사인데 생활은 한국선교부에서 맡고, 선교활동비는 재미총회가 담당하여 멕시코에 파송하여 선교케하므로 총회 선교대회와 함께 파송하게 되었으며 2003년에 강광수 선교사(브라질선교), 김홍구 선교사(브라질선교) 파송하여 현재 사역중이며 오석제 체육 선교사는 미국 전역에 학교와 교회들을 위하여 뛰어다니며 선교 사역을 하다가 2005년도에 체육선교사를 사임하고 교회담임 목사로 나갔으며 2005년에 이점태 선교사를 (태국 치앙마이로)선교부가 파송했으며 총회에서 지영범 선교사를(큐바선교사로) 인준을 받고 앞으로 나아갈 선교사들이 준비중에 있다. 장성환 선교사(일본에) 최수일 선교사는 (동남아인들을 받아 선교하는 미국 내의 선교사로) 신대원 선교사도 준비중이며 Bryan How 선교사도 파송하기로 하고 손낙중 선교사는 2006년 6월에 중국 선교사로 파송받게 된다.

재미총회에서 특이한 일은 한국 고신총회 선교부와 재미 총회 임원 및 선교부가 합의하여 한국 고신 선교사와 재미 총회 선교사들이 함께 합심하여 남미노회를 조직하여 오던 중 2004년 한국고신총회 선교부에서 일방적으로 선교사들이 타노회에 가입하는 일을 금하므로 함께 일할 수 없게 되는 참으로 이상한 결정이 되었으므로 재미총회는 본 총회 산하 선교사와 원주민 선교사들로 노회를 조직케하여 지금 일하고 있다.

지금은 국제화 시대에 선교사들이 같은 교단과 함께 협력하여 선교하는 일을 총회는 격려하고 팀웍을 이루어 나아가야 함에도 너무 소극적인 결정이 아닌가 생각해 봅니다. 그리고 재미총회도 선교사를 파송하고자 하나 가끔 인적 자원이 없으므로 안타까워합니다. 계속하여 한 교단 산하의 교회들이 서로 협력하여야 할 줄로 알고 앞으로 더욱 힘차게 세계선교의 안목을 가짐이 좋을 줄로 압니다.

사역현황과 선교일

조현하 선교사는 필리핀에 선교관을 세워 선교를 준비하는 과정에서 선교지를 태국으로 옮기는 것이 합당하다는 보고로 필리핀 트리니티 선교관을 매각하여 태국 치앙마이에 선교관과 교회당을 세웠으며 또한 선교훈련원을 세워 선교사 재훈련과 신학교를 꿈꾸고 건물이 완공단계에 있다.

김홍구/강강수 선교사는 남미 아마존에서 교회를 개척하고 신학교를 세워 목회자 양성에 최선을 다하고 있다.

김민관 선교사는 인도네시아에서 신학교 강의와 개척교회를 위하여 최선을 다하며 또한 천재지변으로 고난당하는 자들의 선한 사마리아인의 사역을 잘 감당하고 있다.

최성열 선교사도 재미총회 선교부와 중남부노회가 중심이 되어 교회와 병원 건립을 위하여 협력하며 건물을 완성하여 힘차게 일하고 있다.

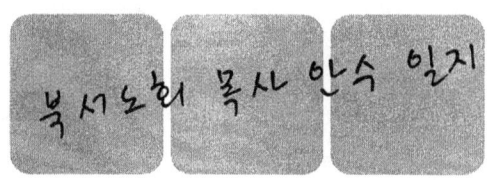

북서노회 목사 안수 일지

번 호	성 명	일 시	임직장소	비 고
1	김성수	2001년 4월 16일	캐나다 헤리슨교회	
2	이병조	2002년 4월 2일	살리나스 영광장로교회	
3	양경석	2003년 4월 7일	훼드럴웨이 중앙장로교회	
4	장병국	2003년 4월 7일	훼드럴웨이 중앙장로교회	
5	조상현	2003년 4월 7일	훼드럴웨이 중앙장로교회	제명(4/12/04)
6	박상돈	2003년 4월 7일	훼드럴웨이 중앙장로교회	
7	이경우	2003년 4월 7일	훼드럴웨이 중앙장로쇼회	

2006년 7월 12일 현재.

작성 : 북서노회 서기 박석현 목사

재미총회20년사
발간을 축하합니다

그리니치한인교회
GREENWICH KOREAN CHURCH

(203)861-1134
38 Field Point Road, Greenwich,
CT 06830

권수경 담임목사
(203)637-8743
(203)829-1595(C)

뉴욕염광장로교회
SALT AND LIGHT PRESBYTERIAN CHURCH OF NEW YORK

(718)461-9696
31-71 138th Street Flushing,
NY 11354

정진호 담임목사
(718)445-1219 / (917)757-0449(C)
saltlightme@hotmail.com

뉴저지 제일한인교회
THE FIRST KOREAN CHURCH OF NEW JERSEY

(201)333-2121 / (201)333-6050(Fax)
2681 Kennedy Blvd. Jersey City,
NJ 07306

김은태 담임목사
(201)332-4585

미주제일장로교회
FIRST KOREAN PRESBYTERIAN CHURCH IN AMERICA

(201)724-8883
165 Main St. Little Ferry,
NJ 07643

오교균 담임목사
(973)379-3692
pauloh1201@hotmail.com

샘물과반석교회
FOUNTAIN AND ROCK KOREAN PRESBYTERIAN CHURCH IN AMERICA

(201)768-4647
162 Linwood Ave. Emerson
NJ 07630

하성만 담임목사
(201)658-4464(C)
hahsolomon@hotmail.com

생명의빛교회
LIGHT OF LIFE CHURCH

(732)251-7558
113 Crescent Ave. East
Brunswick, NJ 08816

나경집 담임목사

시온제일장로교회
THE FIRST ZION PRESBYTERIAN KOREAN CHURCH IN NJ

(201)233-3351
1040 Edgewater Ave. Ridgefield,
NJ 07657

정병일 담임목사
(201)947-4399

조이플교회
JOYFUL CHURCH

(201)242-0110 / (201)242-0142(Fax)
342 A Commercial Ave.
Palisades Park, NJ 07650
joyfulchristian@hotmail.com
joyfulchristian@hanmail.net

이신구 담임목사
(201)947-7910 / (201)983-9400(C)

남버지니아한인장로교회
SOUTHERN VIRGINIA KOREAN PRESBYTERIAN CHURCH

(757)484-4272(F겸)
550 E. Little Creek Road Norfork,
VA 23505

김영중 담임목사
(804)360-5031
kyj8291@yahoo.co.kr

라우든한인장로교회
LOUDOUN KOREAN PRESBYTERIAN CHURCH

(703)963-5724
501 North York Road, Sterling,
VA 20164

김도원 담임목사
(703)729-9667
doweonkim@aol.com

로뎀교회
ROHTHEM CHURCH

(410)750-3381
3290 Pine Orchand Lane #100,
Ellicott City, MD 21042

정종석 담임목사
(410)707-4948

빛과소금교회
LIGHT & SALT PRESBYTERIAN CHURCH IN CHARLOTTESVILLE

(434)975-2559
2001 Earlysville Rd. Earlysville,
VA 22936
www.lspcic.org

유해신 담임목사
(434)823-2672 / (434)249-6772(C)
hyoo@lspcic.org

우리교회
THE FOLD KOREAN PRESBYTERIAN CHURCH

(804)745-8999
5310 Courthouse Rd. Richmond,
VA 23832

김기철 담임목사

워싱톤복음장로교회
GOSPEL KOREAN PRESBYTERIAN CHURCH OF WASHINGTON

(301)365-3387 / (301)445-6203(Fax)
10010 Femwood Rd. Bethesda,
MD 20817

윤정태 담임목사
(301)445-4033
jtyoon@aol.com

워민스터장로교회
(TENTATIVELY NAMED)ILLIP PRESBYTERIAN CHURCH

(215)325-0409
999 N. York Rd. Warminster, PA
18974

이영주 담임목사
(215)672-2050
(856)313-3735(C)

콜로니얼한인장로교회
COLONIAL KOREAN PRESBYTERIAN CHURCH

(410)730-8535
9466 Brett Lane, Columbia MD
21045

백상인 담임목사
(703)835-1824

놀스펜은혜장로교회
KOREAN GRACE PRESBYTERIAN CHURCH OF NORTH PENN

(215)855-4779
1333 Cowpath Rd. Hatfield, PA
19440(P.O. Box 327)

정운교 담임목사
(215)855-0933 / (267)467-6037(C)
pastorungyo@hotmail.com

델라웨어사랑의교회
THE CHURCH OF LOVE IN DELAWARE

(302)521-4072 / (302)996-5464(F겸)
2621 Heritage Farm Dr.,
Wilmington, DE 19808
www.lovechurchde.org

윤대식 담임목사
(302)996-5464
vision21yds@hotmail.com

델마교회
KOREAN PRESBYTERIAN CHURCH OF DELMAR

(703)249-9670(F겸)
P.O.Box 33, Frankford, DE 19945

만나장로교회
MANNA PRESBYTERIAN CHURCH

(215)885-9222
8707 West Cheltenham Ave.
Wyndmoor, PA 19038

고수영 담임목사
syko99@hotmail.com

영원한교회
EVERLASTING CHURCH

(302)733-0101 / (302)733-0505
1141 Old Baltimore Pike Newark,
DE 19702 U.S.A.
4ever0505@yahoo.com

최영호 담임목사
(410)620-7788 / (302)494-0788(C)
koreanbillychoi@aol.com

예림장로교회
YAERIM PRESBYTERIAN CHURCH

(610)766-1969
4400 State Rd. Drexel Hill, PA
19026

박용선 담임목사
(610)734-0865(F겸)
yaerimpc@hanmail.net

예수원교회
JESUWON COMMUNITY CHURCH

3805 Mill Road Willow Grove,
PA 19090

윤성종 담임목사
(215)657-1124 / (484)686-1232(C)
jesuwon@hotmail.com

은강교회
GRACE & PEACE PRESBYTERIAN CHURCH

1141 W. Chester Pike,
Havertown, PA 19083

초대교회
THE FIRST GENERATION CHURCH

(215)869-5703
750 Skippack Pike Blue Bell,
PA 19422
www.chodaechurch.co.kr

이응도 담임목사
(215)646-1415
edwinlee@hanmail.net

필라델피아제일장로교회
FIRST KOREAN PRESBYTERIAN CHURCH OF PHILADELPHIA

(215)549-6880(F겸) / (215)549-3076
770-800 W. Tabor Rd.
Philadelphia, PA 19120

김만우 담임목사
(215)635-2318 / (215)635-2502(Fax)
revmanwookim@hanmail.net

필라선교교회
MISSION CHURCH IN PHILADELPHIA

(610)454-0340
571 Pennlyn Pike, Blue Bell, PA
19422

하청조 담임목사
(215)548-6250
cjosephha@yahoo.com

만민교회
Korean Community Christian Church

(510)452-3777 / (510)452-3778(Fax)
2505 Telegraph Ave Oakland,
CA 94612
www.manminchurch.org

최병구 담임목사
(510)278-8116 / manmin@sbcglobal.net

산호세새생명교회
San Jose Korean New Life Church

3111 Benton St., Santa Clara, CA
95051 (408) 378-6730

장병국 담임목사
(408)378-6730
bjhang@sbcglobal.net

산호세한인장로교회
San Jose Korean Presbyterian Church

(408)956-1900, (408)956-9100(Fax)
3102 Landess Ave. San Jose, CA
95132
www.sanjosechurch.com

박석현 담임목사
(408)941-9869 / (510)303-6762(C)
sukhyunpark2000@yahoo.com

삼일한인장로교회
Samil Korean Presbyterian Church in Oregon

(503)642-3100
16100 SW Farmington Rd. Aloha,
OR 97007

이은성 담임목사
(503)740-9785(C)
small6820@hotmail.com

상항북부교회
North Bay Korean American Presbyterian Church

(415)499-0700
8 N. San Pedro Rd., San Rafael,
CA 94903
www.sfkorean.com

주원명 담임목사
(415)331-8976
youngwonjoo@yahoo.com

상항한미장로교회
San Francisco Korean American Presbyterian Church

(415)334-5946
2097 Turk St., San Francisco, CA
94115
www.sfkapc.net

손창호 담임목사
(415)235-2070(C) / (415)452-1057(Fax)
changson@hotmail.com

성삼장로교회
HOLY TRINITY PRESBYTERIAN CHURCH

(253)952-2998 / (253)952-2970(Fax)
3031 310th St. S.W. Federal Way,
WA 98023

신현국 목사
(408)365-8710 / (408)629-7947(Fax)

주손길교회
THE SANG HANG PRESBYTERIAN CHURCH

(415)609-9195
4455 Del Valle Parkway
Pleasanton, CA 94566

박진생 담임목사
(925)924-0515

피스토스한인장로교회
PISTOS KOREAN PRESBYTERIAN CHURCH

(510)858-6674
959 12th St., Oakland, CA 94607
www.pistos.org

조영구 담임목사
(510)836-7630
pistos_pastor@yahoo.com

베들레헴교회
BETHLEHEM CHURCH

6955 S.W. Delridge Way #B304
Seattle, WA 98106

장성환 담임목사
(206)764-9085

벨뷰동부장로교회
EASTSIDE KOREAN PRESBYTERIAN CHURCH OF BELLEVUE

(425)941-4890
10936 NE, 24th, Bellevue, WA
98004

박순철 담임목사
(425)827-1161 / (425)941-4980(C)
soonpark2001@yahoo.com

셀렘한인교회
KOREAN CHURCH OF SALEM

(503)399-9388
219 19th St. SE, Salem,
OR 97305

전병국 담임목사
(503)391-1558

시온성교회
ZION CASTLE CHURCH

(253)529-0904
36815 Pacific Hwy S. Federal
Way WA 98003

박성신 담임목사
(253)335-0904(C)

씨애틀영생장로교회
YOUNG SENG PRESBYTERIAN CHURCH
OF SEATTLE

(206)306-0083
14514 20th Ave. NE. Shoreline,
WA 98155

문성출 담임목사
(425)743-5904
schmoon@hotmail.com

올림피아 은광교회
EUN-GWANG PRESBYTERIAN CHURCH
OF OLYMPIA

(360)789-8009
2730 Marvin Rd. SE, Olympia,
WA 98503

장홍석 담임목사
(360)455-5408
haramusa@hotmail.com

워싱턴장로교회
WASHINGTON PRESBYTERIAN
CHURCH

(253)582-1087
11001 49th Ave. S.W. Lakewood,
Wa98499

이해봉 담임목사
(253)983-9311

정원교회
GARDEN PRESBYTERIAN CHURCH

(206)963-9191 / (206)364-0960
2441 125th St. NE Seattle,
WA 98125
www.gardenchurch.net
garden@gardenchurch.net

박위림 담임목사

커크랜드중앙교회
KOREAN KIRKLAND CENTRAL CHURCH

(425)820-1199
14220 Juanita-woodinville way
NE Kirkland, WA 98034

정삼식 담임목사
(206)372-1140
pastorjung@hotmail.com

타코마벧엘교회
TACOMA BETHEL PRESBYTERIAN CHURCH

(253)566-8055
8602 Bridgeport Way S.W.
Tacoma, WA 98499

박승순 담임목사

트라이시티제일한인교회
FIRST KOREAN CHURCH OF TRI-CITIES

(509)582-6824 / (509)628-0921(Fax)
2410 W 4th Ave. Kennewick,
WA 99336

이병조 담임목사
(509)628-0921 / (509)460-1101

트리니티장로교회
TRINITY PRESBYTERIAN CHURCH

(425)391-3788 / (206)349-9139
106 5th Ave. Kirkland, WA 98033

이점태 담임목사
(425)391-3788 / (206)349-9139(C)
jtlee2001@yahoo.com

푸른장로교회
GREEN PRESBYTERIAN CHURCH

(509)833-8482
11 Pence Rd. #A, Yakima,
WA 98908
greenchurch@msn.com
www.greenchurch04.org

정일준 담임목사
(509)965-1042
heavenlyiljun@msn.com

훼드럴웨이제일장로교회
FEDERAL WAY FIRST PRESBYTERIAN CHURCH

(253)839-0338 / (253)333-8255(Fax)
3225 SO. 288th St.
Auburn WA 98001

구자경 담임목사
(253)333-8255
koo2510@yahoo.co.kr

훼드럴웨이중앙장로교회
FEDERAL WAY CENTRAL PRESBYTERIAN CHURCH

(253)835-0830, 924-1490
37427 28th Ave. S. Federal Way,
WA 98003
www.fwcpc.org

조봉환 담임목사
(253)838-1200 / (253)952-2700(Fax)
bonghwancho44@yahoo.com

그리심교회
PRESBYTERIAN CHURCH OF MT. CHURCH

(213)624-6023 / (213)480-0063(Fax)
2020 E. Bay St. Los Angeles, CA 90021
gerizimmt@yahoo.co.kr

추덕엽 담임목사
(213)382-3217 / (213)382-3217(C)

사랑의교회
LOVE CHURCH

(213)389-5673
827 S. Mariposa Ave. Los Angeles, CA 90005

정사랑 담임목사

새시대교회
LA NEW TIMES PRESBYTERIAN CHURCH

(213) 380-7330
743 S. Grand View St Los Angeles, CA 90057
P. O. BOX 6006 Whittier, CA 90603-9998

신현국 목사
(408)691-0691 / (408)691-2726(C)

새창조교회
NEW CREATION PRESBYTERIAN CHURCH

(310)325-0501 / (310)325-4282(Fax)
23814 S. Vermont Ave. Harbor, CA 90710

최학량 담임목사
(310)847-7749 / (310)847-7454(Fax)

오그덴 제일장로교회
KOREAN FIRST OGDEN PRESBYTERIAN CHURCH

(801)336-6302
1764 N. 2525 E. Layton, UT 84040

김은수 담임목사

유타제일장로교회
THE KOREAN PRESBYTERIAN CHURCH OF SALT LAKE CITY

(801)486-1523(F겸)
2100 S. 2018 E. Solt Lake City, UT 84109

권오성 담임목사
(801)272-4072 / (801)673-2556(C)

템피장로교회
TEMPE KOREAN PRESBYTERIAN CHURCH

(480)726-0191 / (480)857-3997(Fax)
800 W. Galveston St. Chandler,
AZ 85225
www.tkpcaz.org

윤덕곤 담임목사
(480)726-2137

피닉스 한인장로교회
PHOENIX KOREAN PRESBYTERIAN CHURCH

(602)242-0757
5043 N. 18th Ave.,
Phoenix, AZ 85015

변의남 담임목사

가주남교회
CALIFORNIA SOUTH CHURCH

(714)525-7000 / (714)525-2333(Fax)
404 W. Whlshire Ave. Fullerton,
CA 92832

한기원 담임목사
(949)387-6636

과테말라제일장로교회
IGLESIA PRESBITERIANA DE COREANOS CHEIL

(502)332-0385
17 Calle 14-53, Zona13,
Guatemala City, Guatemala

로뎀장로교회
ROHTHEM PRESBYTERIAN CHURCH

(714)956-7640
(714)956-5845, (714) 956-7909(Fax)
1759 W. Broadway. Anaheim,
CA. 92804
www.rohthem.com
rohthemchurch@hotmail.com

배명환 담임목사
(714)526-2923

리버사이드갈보리장로교회
RIVERSIDE CALVARY KOREAN PRESBYTERIAN CHURCH

(951)784-3520
4725 Brockton Ave. Riverside,
CA 92506

원차희 담임목사
(949)551-2771

믿음소망사랑교회
THE FAITH HOPE LOVE CHURCH

(714)821-3300(F겸)
2930 W. Ball Rd. Anaheim, CA
90621

홍준양 담임목사
(714)739-0372 / (714)906-4718(C)

오렌지장로교회
ORANGE PRESBYTERIAN CHURCH

(714)277-9938
704 E. Commonwealth Ave.
Fullerton, CA 92831
opcinfullerton@yahoo.com

박경춘 담임목사
(310)793-2989
kcpark1230@yahoo.com

오렌지카운티충현장로교회
CHOONGHYUN PRESBYTERIAN
CHURCH OF ORAGE COUNTY

(714)534-4210
11231 Chapman Ave. Garden
Grove, CA 92840

송영준 담임목사
(714)535-0330

크라이스트비전채플
CHRIST VISION CHAPEL

(714)527-5932
2660 W. Woodland Dr. Suite
#100, Anaheim, CA 92801
www.cvc-church.net

박대근 담임목사
(714)739-2017 / (714)504-0191(C)
sampark@evangelia.edu
sampark1951@hotmail.com

한생명장로교회
ONE LIFE PRESBYTERIAN CHURCH

(714)392-2122
8302 Artesia Bl., Buena Park,
CA 90621
(714)838-4028(Fax)

강남중 담임목사
(714)838-4028

갈보리장로교회
MIAMI CALVARY MISSION CHURCH

(954)888-1033 / (954)888-1399(Fax)
901 NW 112 Ave. Plantation, FL
33325
www.miamicalvary.org

윤성환 담임목사
(954)888-1033 / (954)560-2089(C)
Sunghwan35@yahoo.com

골스보로중앙장로교회
CENTRAL KOREAN PRESBYTERIAN CHURCH OF GOLDSBORO

221 Durham Lake Rd.
Dudley, NC 28333

김익범 담임목사
(919)778-4627
ikbhomkim@aol.com

나사 한인 장로교회
NASA KOREAN PRESBYTERIAN CHURCH OF HOUSTON

(281)316-0719
215 Newport Blvd.,
League City, TX 77573

박재철 담임목사
(713)446-5718
jcpark59@yahoo.com

늘푸른장로교회
EVERGREEN PRESBYTERIAN CHURCH

(770)271-3422 / (770)271-5260(Fax)
401 Main St. Suwanee GA 30024
www.evergreenusa.org

김병호 담임목사
(770)831-3572
bmkx012@hanmail.net

덴버소망교회
KOREAN HOPE PRESBYTERIAN CHURCH OF DENVER

(303)750-0696 / (303)766-1419(Fax)
1345 S. Dayton St. Denver,
CO 80231
revwoo@denverhope.org

우영종 담임목사

로고스장로교회
LOGOS PRESBYTERIAN CHURCH

(678)584-5035 / (678)584-5971(Fax)
3455 Peathtree Indeustrial Blvd,
Suite #830, Duluth, GA 30097

박세규 담임목사
(678)584-9774 / (770)722-5971(C)

맨하탄한인교회
KOREAN CHURCH OF MANHATTAN

(785)537-0250
511 Westview Dr. Manhattan,
KS 66502

박종창 담임목사
(785)587-9191
pjc72@hotmail.com

샬롯갈보리교회
CALVARY CHURCH OF CHARLOTTE

7315 Beacon Hill Ln #34
Chalotte, NC 28270

강상석 담임목사
(704)442-7332 / (704)576-7924(C)

샬롯삼일교회
CHARLOTTE SAMIL CHURCH

(704)643-3137
1621 Brook Dale Ave. Charlotte,
NC 28210

김원호 담임목사
(704)643-3137 / (704)575-4540(C)

성은장로교회
SUNG EUN PRESBYTERIAN CHURCH

(336)274-0003 / (336)274-2095(Fax)
1823 Sharpe Rd.
Greensboro, NC 27406

홍창우 담임목사
(336)286-8593
hcwfjg@hotmail.com

스코키한인교회
SKOKIE KOREAN CHURCH

(847)329-1004
8333 N Niles Center, Skokie,
IL 60077

명병헌 담임목사
(847)933-9144 / (224)392-9144(C)

여수룬장로교회
JESURUN PRESBYTERIAN CHURCH

(847)483-9191 / (847)878-9699
2107 E. Rand Rd. Arlington
Hts., IL 60004

전성철 담임목사
(847)550-1518 / (847)878-9799(C)

염광장로교회
SALT & LIGHT PRESBYTERIAN CHURCH

(770)717-9112 / (770)921-8702
5511 Williams Rd. Norcross,
GA 30093

박은생 담임목사
(404)583-9041(C)
eunsaeng305@hotmail.com

임마누엘장로교회
IMMANUEL PRESBYTERIAN CHURCH

401 N. Blackhawk Ave. Madison,
WI 53705
www.mipc2002.org

진신덕 담임목사
(608)827-0332 / (608)446-6298(C)
hanulnara7@yahoo.co.kr

제자들교회
THE DISCIPLES CHURCH OF ARKANSAS

(501)228-1077
600 Kirby Rd. Little Rock,
AR 72211
www.jejas.com

전남수 담임목사
(501)821-4723 / (501)920-9049(C)
ndavid107@hanmail.net

주님의교회
THE LORD'S PRESBYTERIAN CHURCH

(678)714-9118
5787 Tattersall Ter. Sugar Hill,
GA 30518
www.joonimchurch.com

조용수 담임목사
(404)388-6042
yscho33@netzero.net

초대교회
PRIMITIVE REFORMED PRESBYTERIAN CHURCH

(678)714-2656
3665 Brunette Rd. Suwanee,
GA 30024

정윤영 담임목사
(678)482-7566

케리사랑의 교회
THE CHURCH OF LOVE IN CARY

(919)466-9096(F겸)
555 S.W. Maynard Rd. Cary,
NC 27511

강대찬 담임목사
(919)274-7891(C)
daeckang@msn.com

켄터키 중앙장로교회
CENTRAL PRESBYTERIAN CHURCH OF KENTUCKY

1272 Gilmore Lane,
Louisville, KY 40213

클리브런드한미장로교회
KOREAN-AMERICAN PRESBYTERIAN CHURCH OF CLEVELAND

9305 Midwest Avenue, Garfield
Heights, OH 44125
www.kapcc.org

박흥배 담임목사
(440)542-1951
yeshrun@kapcc.org

털사제일장로교회
KOREAN PRESBYTERIAN CHURCH OF TULSA

8837 S. Gamett Rd. Broken
Arrow, OK 74012

김성수 담임목사
(918)296-9589 / (918)810-7753(C)
ajukim@hotmail.com

한생명장로교회
ONE LIFE PRESBYTERIAN CHURCH

(972)943-8945
5702 N. Jupiter Rd. Garland,
TX 75044

하원식 담임목사
wkha@prodigy.net

휴스턴로뎀장로교회
ROHTHEM PRESBYTERIAN CHURCH

(713)973-1435 / (281)759-2178(Fax)
2430 Campbell Rd. Houston,
TX 77080

문태주 담임목사
(281)759-2178 / (832)725-8535(C)

휴스턴한빛장로교회
HOUSTON KOREAN HANBIT PRESBYTERIAN CHURCH

(713)643-4348 / (713)645-6188(Fax)
3929 Colgate, Houston, TX 77087
www.hanbithouston.org

노정각 담임목사
(281)991-5500 / (713)498-2180(C)

산타페한인교회
SANTA FE KOREAN CHURCH

6500 san Ildefonso Rd. #B-2,
Los Alamos, NM 87544

강중석 담임목사
(505)661-2519 / 670-7335(C)

멘도사장로교회
IGLESIA EVANGELICA PRESBITERIANA DE MENDOZA

(0054)61-481064
855 Uruguay, Las Heras, Prov.
Mendoza, Argentina

윤춘식 선교사
011-5411-4611-1664

에벤에셀장로교회
IGLESIA EVANGELICA PRESBITERIANA EVEN-EZER

Artigas 3272, Ciudadela, Pcia.
Bs. As.

윤춘식 선교사
011-5411-4611-1664

한빛교회
THE HANBIT PRESBYTERIAN CHURCH

0054-11-4657-4372
Richieri 2988 CP1702 Ciudadela,
Prov. BS. AS. Argentina
kimjoonwoong@hanmail.net

김준웅 담임목사
0054-11-4648-0232
kimjoonwoong@hotmail.com

빌라델비아교회
IGREJA PRESBITERIANA COREANA FILADELFIA DE SAO PAULO

5511-3228-2002
R. das Olarias, 103 Caninde, Sao
Paulo SP BRASIL
Cep.03030-020

손성수 담임목사
5511-3334-1118 / Cep.01125-000
seong_ipas@hotmail.com

삼국경교회
IGREJA TRES FRONTEIRAS

Lote #5, Gleba, Tapajos,
Tabatinga, Amazonas, Brasil

강광수 선교사
5597-9152-1682(C)
siloam4j@hotmail.com

쌍빠울로제일교회

5511-6743-2674
R. Castelo de Paiva, 51 Ipanema
Sao Paulo SP Brasil

김현수 선교사
Cep.03582-190
5511-9595-8207(C)

선두교회

5511-3227-1204
Rua Joaquim Murtinho 172, Bom
Retiro Sao Paulo SP, Brasil
Cep.01123-050
www.sundoobr.com

이상석 담임목사
5511-9977-4503(C) / Cep.01123-050
ssleebr.com.ne.kr

선한목자교회
IGREJA PRESBITERIANA BOM PASTOR

5511-4645-0487
Rua Bom Pastor 400 Parque
Novo Horizoute
Itaquaqueceteeba, S.P. Brasil
Cep.08596-320

배성학 담임목사
5511-3312-0152 / 5511-9830-5257(C)
bompastor@hanmail.net

새이스라엘교회
IGREJA PRESBITERIANA NOVO ISRAEL

5592-3651-9331
R. Rio Madeira 1 Loteamento Rio
Piorini, Manaus AM, Brasil

김기종 선교사
5592-3651-9331

열두제자비전교회
IGREJA VISAO DOS DOZE APOSTOLOS

5516-3916-2137
R. Tamoios 262-131, Santa Cruz,
Riberao Preto, SP Brasil

배필규 담임목사
Cep.14020-070, 011-9669-5552(C)
baepk@hotmail.com
brasil.ctm.or.kr

믿음의교회
(원주민 교회)

52-222-249-6613
Tepeca 14, Dpt 3, Colonia La
Paz Puebla c,p 72160
Puebla Mexico

최승렬 선교사
m1000.org/esperanza/
choisungyeal@hanmail.net

고신선교교회
(원주민교회)

511-9875-1126
Caiie. Tiziano 293 Sanborja
Lima Peru

방도호 선교사
misioncosin@hanmail.net

에스베날장로교회
(원주민 교회)

52-656-221-6833
56 Calle UPR, Villas
Universitarias, Aguadilla,
PR 00603

김해진 선교사
kimelp@hotmail.com
thekims.elp@gmail.com

아과비바교회
IGRESIA PRESBITERIANA REFORMADA AGUA VIVA

595-61-518-089
595-61-574-024(F겸)
Av. San Jose C/Las Azucenas y
Ernesto Baez, Ciudad del Este,
Paraguay

이정건 선교사
Cep.85851-000 / jeongeon55@hanmail.net

임마누엘교회
IGRESIA EVANGELICA PRESBITERIANA DE EMANUEL

595-21-904-790
Carretera de Lopezy Moises
Lambare - Paraguay

김기석 선교사
595-21-495514(F겸)
kisukkim2003@hanmail.net

주의영광교회
LA GLORIA DEL SENOR

595-61-512-407(F겸)
Caixa Postal 515 Foz Do Iguasu
C.E.P 85851 Parana, Brasil
www.goodnews.co.kr/kjh/
a
김진호 선교사
bernabekim@hanmail.net

에스빼란사교회
IGLESIA EVANGELICA PRESBITERIANA ESPERANZA

Teniente Escobar Entre Japon Y
Capitan Bado. Barrio
Villa Carmen, Asuncion,
Paraguay

이동한 선교사

워터루제일장로교회
THE FIRST KOREAN PRESBYTERIAN CHURCH OF WATERLOO

(519)885-4801 / (519)893-9410(Fax)
289 Lincoln Road Waterloo
Ontario Canada N2J 2P6
www.waterlookorean.org

송경식 담임목사
(519)893-0279
waterlookorean@hotmail.com

토론토삼일교회
THE KOREAN TRINITY PRESBYTERIAN CHURCH

(416)283-3690 / (416)283-3690(Fax)
1120 Ossington Ave. Toronto,
Ontario, CANADA M6G 3W1

조성관 담임목사
revskcho@hotmail.com

아름다운장로교회
BEAUTIFUL KOREAN PRESBYTERIAN CHURCH

(416)698-8223
1 Lord Seaton Rd. North York,
ONT M2P 2C1
arumdaun@rogers.com

하영기 담임목사
(416)910-0200(C)

재미고려신학대학원
THE KOREA THEOLOGICAL SEMINARY IN AMERICA

재미 고려신학대학원(가주) The Korea Theological Seminary In California
학장 이근삼 박사 (714)842-1600　　16000 Villa Yorba #1111, Huntington
Beach, CA 92647

재미 고려신학대학원(동부) The Korea Theological Seminary In America
　　　　　　　　(201)242-9464　342 A Commercial Ave. Palisades
　　　　　　　　(201)941-5090　Park, NJ 07650
학장 이유량 박사 (201)969-0909　465 Central Blvd. 2nd Fl. Fort
　　　　　　　　(201)463-2774(C)　Lee, NJ 07024

재미고려신학대학원(서부) The Korea Theological Seminary In America West
　　　　　　　　(408)365-8710　635 Cree Ct San Jose, CA 95123
　　　　　　　　(408)691-0691(Fax)
학장 신현국 목사 (408)365-8710　635 Cree Ct San Jose, CA 95123
　　　　　　　　(408)691-0691, (408)629-7947(Fax)

에반겔리아 (복음)대학교(Evangelia University)
　　　　　　　　(714)527-0691~2　2660 W. Woodland Drive #200
Anaheim, CA 92801
　　　　　　　　(714)504-0191(C), 527-0693(Fax), (02)592-9346(한국)
info@evangelia.edu ◈ www.evangelia.edu
총 장 이근삼 박사 (714)842-1600　　16000 Villa Yorba #1111 Huntington
Beach, CA 92647
사무처장 박경춘 목사 (310)279-7810(C)　21008 Ladeene Ave. #B Torrance,
CA 90503
kcpark@evangelia.edu ◈ kcpark@sbcglobal.net

재미총회 20년사
발간을 축하드립니다!

대한예수교장로회 총회

총회장 **이한석** 목사
부총회장 **권오정** 목사　부총회장 **이우성** 장로
총무 **임종수** 목사　서기 **주준태** 목사　부서기 **전교정** 목사
회록서기 **권경호** 목사　부회록서기 **임진웅** 목사
회계 **우병주** 장로　부회계 **김재현** 장로

서울특별시 서초구 반포4동 58-10(우 137-803)
Tel.(02)592-0433~4　Fax.(02)592-5468

재미총회 20년사
발간을 축하드립니다!

고려신학대학원
Korea Theological Seminary Kosin University

원장 **현유광** 교수
천안시 삼용동 40(우 330-150)
Tel.(041)560-1999, 557-5131　Fax.(041)560-1971
www.kts.ac.kr

재미총회 20년사
발간을 축하드립니다!

고신대학교
Kosin University

총장 김성수 교수
부산광역시 영도구 동삼1동 149-1(우 606-701)
Tel.(051)990-2114 Fax.(051)911-2525
www.kosin.ac.kr

재미총회 20년사
발간을 축하드립니다!

고신언론사

사장 임성하 장로
서울특별시 서초구 반포4동 58-10(우 137-803)
Tel.(02)592-0981~4 Fax.(02)592-0985
www.kspress.co.kr

재미총회 20년사
발간을 축하드립니다!

총회 세계선교위원회

위원장 황삼수 목사, 총무 이헌철 목사
대전광역시 대덕구 중리동 243-17(우 306-826)
Tel.(042)622-7061~3, 622-8081
Fax.(042)632-0648
kmission@chollian.net

재미총회 20년사
발간을 축하드립니다!

총회출판국

위원장총무 임종수 목사, 국장 장경미 집사
서울특벼시 서초구 반포4동 58-10(우 137-803)
Tel.(02)592-0986~7 Fax.(02)596-7820

재미총회 20년사
발간을 축하드립니다!

대구서교회

부총회장, 담임목사 권오정 목사
부목사 : 김태일, 신정훈
장로 : 김상범, 강수길, 김태호, 김기인, 전용수, 이희문, 이용식,
김희택, 강영중, 이헌창, 최철수, 배종규, 박영호, 하낙동, 김중길

대구광역시 서구 내당2동 1007(우 703-803)
Tel.(053)573-1884 Fax.(053)573-1886

재미총회 20년사
발간을 축하드립니다!

서울남부교회

담임목사 김용출 목사
부목사: 박신웅
장로 : 김종인, 최건일, 최달웅, 이상갑, 김봉석, 유철선, 변세건

광명시 철산3동 437 상업업부지구 광명프라자빌딩(우 423-837)
Tel.(02)2615-4067 Fax.(02)2683-4326
www.snbc.or.kr

재미총회 20년사
발간을 축하드립니다!

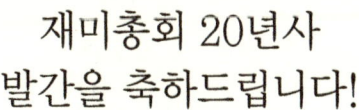

서문로교회

담임목사 강학근 목사

원로목사 : 이춘경 / 부목사 : 김광석, 정태진

장로 : 오충섭, 김광길, 이창식, 김영태, 이승정, 홍반석,
손우하, 김상규, 하성수

대구광역시 중구 서내동 8-1(우 770-270)
Tel.(053)254-9695 Fax.(053)254-6698
www.e-smr.org

재미총회 20년사
발간을 축하드립니다!

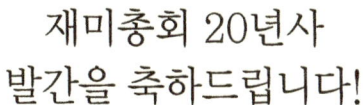

남서울교회

담임목사 최성은 목사

원로목사 : 박종수 / 부목사 : 박정원, 홍현기, 김수동

장로 : 김승환, 김경화, 오창원, 이상진, 박진수, 이성우, 이재영,
정용안, 서봉수, 이영생, 이강대, 문충식, 박경원, 김덕섭, 황건수,
김정의, 윤선부, 김호준, 김부명, 박재원, 권학수

서울특별시 영등포구 신길6동 4003(우 150-859)
Tel.(02)833-7661~4 Fax.(02)833-7665
www.namseoulch.com

재미총회 20년사
발간을 축하드립니다!

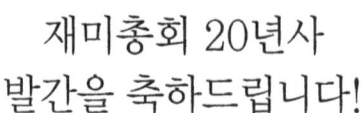

회 장 **이정재** 목사
본부장 **정금출** 장로
서울특별시 구로구 구로동 603 스타펠리스 719호
Tel.(02)2676-4105

재미총회 20년사
발간을 축하드립니다!

재미총회 전국장로회 연합회

회장 **신종문** 장로
부회장 우수관 장로   총무 이기대 장로
서기 류삼광 장로   회계 변종원 장로
협동 총무 임무송 장로, 김규화 장로,
배택한 장로, 지준옥 장로

재미총회 20년사
발간을 축하드립니다!

훼드럴웨이 제일장로교회

Federal Way First Presbyterian Church

3225 S. 288th St Federal Way WA. 98001
(253)839-2995 (206)235-0101 (253)333-8255 Fax (253)839-0338

담임목사 구자경 목사
부목사 : 김경판

장로: 신종문 . 이승철. 이종섭. 구자일.

안수집사: 장종관. 황희조. 안종건. 구자섭. 노승욱. 협동안수집사: 김무웅. 이동진.

우리교회는 하나님은 믿음의 대상이요 사람은 사랑의
대상이라는 신념을 가지고 역사를 일으키는
교회가 되기위해 일하는 교회입니다.

재미총회 20년사
발간을 축하드립니다!

크라이스트 비전 체플

(Christ Vision Chapel)

2660 W. Woodland Dr Suite100 Anaheim. CA92801
전화:(714)527-5932 (714)504-0191

담임목사 박대근 목사

협동목사:이정훈.   전도사: 민한기. 윤혜규. 곽종혁.

안수집사: 제광호. 전진영.

재미총회 20년사
발간을 축하드립니다!

뉴져지 제일한인교회

2681 Kewnedy Blvd. Jersey City, N.J. 07306
Tel.(201)333-2121

담임목사 김은태 목사, 원로목사 박재영 목사
시무장로 : 이영필, 정귀철, 김봉재 장로
휴무장로 : 한기영, 변종원 장로
은퇴장로 : 문병국, 문홍모 장로

재미총회 20년사
발간을 축하드립니다!

상항한미장로교회
S. F. Korean American Presbyterian Church

2097 Turk St., San Francisco, CA 94115
Tel.(415)334-5946 Cell.(415)235-2070
sfkapc.com

담임목사 손창호 목사

www.ingramcontent.com/pod-product-compliance
Lightning Source LLC
Chambersburg PA
CBHW020404100426
42812CB00001B/194